합격을 결정짓는 진짜 요약서

박문각

부동산공법

이경철

박문각 공인중개사 최종요약서

이론 총정리 + 족집게 문제

브랜드만족 1위 박문각

근거자료 별면표기

2023

CONTENTS

이 책의 차례

하나 둘 셋 60점

쫄지마공법

하나

중요비교 총정리 모음

+

둘

중요 Key Word

+

셋

부동산공법 100제

=

결과

60점

중요비교 총정리 모음

중요비교 총정리 모음

🏠 실효의 비교 총정리 : 다음 날(국토계획법)

구 분	기 간	이 유
시가화조정구역	5~20년	유보기간 만료(실효)
도시·군계획시설	20년	도시·군계획시설사업 시행×(실효)
지구단위계획	3년	지구단위계획결정·고시×(실효)
지구단위계획(주민제안)	5년	사업·공사착수×(실효)
기반시설부담구역	1년	기반시설설치계획 수립×(해제)

🏠 부동산공법상 효력발생일 총정리

국토계획법	도시·군관리계획의 효력발생 : 지형도면을 고시한 날부터 효력발생
도시개발법	① 환지예정지 지정의 효력발생일 : 시행자가 토지소유자와 임차권자 등에게 통지한 효력발생일 ② 환지처분으로 인한 권리이전 시기 : 환지처분 공고일의 다음 날 ③ 청산금의 소멸시효 : 5년 ④ 조합임원의 자격상실시기 : 결격사유에 해당하게 된 날의 다음 날
도시정비법	① 청산금의 소멸시효 : 소유권이전 고시일의 다음 날로부터 5년 ② 사용·수익의 정지 : 관리처분계획의 인가·고시일부터 소유권이전의 고시일까지 ③ 분양설계기준일 : 분양신청기간 만료일 ④ 소유권 취득시기 : 소유권이전고시일 다음 날

🏠 사업이나 공사에 착수한 자(기득권 보호 총정리)

국토계획법 도시·군관리계획	① 원칙 : 도시·군관리계획 결정 당시 이미 사업 또는 공사에 착수한 자(사업이나 공사를 계속할 수 있다) ② 예외 : 수산자원보호구역·시가화조정구역지정 당시 이미 사업 또는 공사에 착수한 자(3월 이내에 사업 또는 공사의 내용을 신고)
도시개발법 도시개발구역	허가를 받아야 하는 행위로서 도시개발구역의 지정·고시 당시 이미 관계법령에 따라 허가를 받았거나 허가를 받을 필요가 없는 행위에 관하여 그 공사 또는 사업에 착수한 자(30일 이내에 신고)
도시정비법 정비구역	허가를 받아야 하는 행위로서 정비구역의 지정 및 고시 당시 이미 관계법령에 따라 행위허가를 받았거나 허가를 받을 필요가 없는 행위에 관하여 그 공사 또는 사업에 착수한 자(30일 이내에 신고)

🏠 제한 · 취소 기간 및 연장 총정리

구 분	기 간	연 장
개발행위허가의 제한	1회에 한하여 3년 이내 (수목 · 우량농지, 환 · 경 · 문화재, 도시 · 군계획, 지구단위, 기반시설부담)	1회에 한하여 2년 이내 연장가능 (도시 · 군계획, 지구단위, 기반시설부담)
건축허가의 제한	2년 이내	1회에 한하여 1년 이내 연장가능
건축허가의 취소(필요적)	허가를 받은 날로부터 2년(공장은 3년) 이내에 착수×, 공사완료가 불가능	1년 이내 연장가능
사업계획승인의 취소(임의적)	① 승인을 받은 날부터 5년 이내에 착공 ② 2공구는 2년 이내에 착공(취소×)	1년 이내 연장가능 (② 제외)

🏠 준공검사권자 총정리

해당 법규	사 업	신 청	준공검사권자
국토계획법	도시 · 군계획 시설사업	준공검사	시 · 도지사, 대도시 시장(국 · 장×)
건축법	건축공사	사용승인	건축주 ⇨ 허가권자
도시개발법	도시개발사업	준공검사(체비지는 준공검사 전이라도 사용가능)	시행자 ⇨ 지정권자
도시정비법	정비사업	준공인가	시행자 ⇨ 시장 · 군수 등
주택법	주택건설사업 대지조성사업	사용검사(15일 이내)	① 원칙 : 시장 · 군수 · 구청장 ② 예외 : 국 · 장(사업주체가 국가 · 한국토지주택공사)

🏠 하나의 대지가 둘 이상의 용도지역에 걸치는 경우 총정리

국토계획법	건축법	농지법
하나의 대지가 둘 이상의 용도지역 등에 걸치는 경우 ① 건축물이 고도지구에 걸쳐 있는 경우에는 건축물 및 대지 전부에 대하여 고도지구의 건축물 및 대지에 관한 규정을 적용한다. ② 하나의 건축물이 방화지구에 걸쳐 있는 경우에는 방화지구 안에 건축물에 관한 규정을 적용 ③ 대지가 녹지지역에 걸치는 경우 각각의 용도지역 등의 건축물 및 토지에 관한 규정을 적용	건축물의 대지가 둘 이상의 지역 등에 걸치는 경우 ① 건축물이 고도지구에 걸쳐 있는 경우에는 건축물 및 대지 전부에 대하여 고도지구의 건축물 및 대지에 관한 규정을 적용한다. ② 하나의 건축물이 방화지구에 걸치는 경우에는 방화지구 안에 건축물에 관한 규정을 적용한다. 다만, 경계가 방화벽으로 구획되는 경우에는 그러하지 아니하다. ③ 대지가 녹지지역에 걸치는 경우 각각의 용도지역 등의 건축물 및 토지에 관한 규정을 적용	한 필지의 토지가 농업진흥구역과 농업보호구역에 걸치는 경우 ① 농업진흥구역에 속하는 토지부분이 330m² 이하 ⇨ 농업보호구역의 규정을 적용한다. ② 일부가 농업진흥지역에 걸치는 경우 ⇨ 농업 진흥지역의 면적이 330m² 이하 ⇨ 농업진흥지역의 규정을 적용하지 아니한다.

🏠 부동산공법상 면적기준 총정리

국토계획법 (개발행위허가)	도시개발법 (도시개발구역 지정)	건축법
행위의 규모(토지의 형질변경)	도시개발구역 지정 면적 기준	대지분할제한 면적
① 공업지역, 관리지역, 농림지역: 3만m² 미만 ② 보전녹지지역, 자연환경보전지역: 5천m² 미만 ③ 주거, 상업, 생산녹지, 자연녹지지역: 1만m² 미만	① 주거·상업·생산녹지·자연녹지지역: 1만m² 이상 ② 공업지역: 3만m² 이상 도시지역 외 ① 원칙: 30만m² 이상 ② 예외: 초등학교 + 4차로 이상의 도로 확보시 10만m² 이상	① 주거지역: 60m² ② 상업지역: 150m² ③ 공업지역: 150m² ④ 녹지지역: 200m² ⑤ 관리지역, 농림지역, 자연환경보전지역: 60m²

🏠 부동산공법상 행정계획절차 총정리

구 분		내 용
국토의 계획 및 이용에 관한 법률		
광역도시 계획		국토교통부장관, 시·도지사, 시장 또는 군수는 광역도시계획을 수립 또는 이를 변경 하려는 때에는 미리 공청회를 열어 주민과 전문가 등으로부터 의견을 들어야 하며, 제시된 의견이 타당하다고 인정하는 때에는 이를 광역도시계획에 반영하여야 한다.
도시·군 관리계획	주 민 의 견 청 취	① 주민 의견청취 ⇨ 공고 + 열람(14일 이상) ② 주민의 의견청취에 관하여 필요한 사항은 해당 지방자치단체의 조례로 정한다. ③ 공고된 도시·군관리계획의 내용에 대하여 의견이 있는 자는 열람기간 내에 의견을 제출할 수 있다. ④ 제출된 의견을 도시·군관리계획에 반영할 것인지 여부를 검토하여 그 결과 를 열람기간이 종료된 날부터 60일 이내에 해당 의견을 제출한 자에게 통보 하여야 한다. ⑤ 국방상 또는 국가안전보장상 기밀을 요하는 사항(관계 중앙행정기관의 장이 요청)이거나 경미한 사항(도시지역의 축소에 따른 용도지역의 변경)인 경우 에는 생략할 수 있다.
	입 안 제 안	🏠 주민(이해관계자 포함) ① 기반시설의 설치·정비 또는 개량에 관한 사항 ② 지구단위계획구역의 지정 및 변경과 지구단위계획의 수립 및 변경 ③ 산업·유통개발진흥지구의 지정 및 변경 ④ 입안권자는 제안일부터 45일 이내에 도시·군관리계획 입안에의 반영 여부 를 제안자에게 통보(부득이한 사정이 있는 경우에는 1회에 한하여 30일 연장)
도시개발법		
실시계획		국토교통부장관이나 시·도지사 또는 대도시 시장은 실시계획 인가 전에 미리 관보 나 공보 및 일간신문과 인터넷 홈페이지에 게재하는 방법에 따라 공고하고 14일 이상 열람
도시개발 구역지정		공람(14일 이상)이나 공청회(100만m² 이상이면 공람 후 의무)를 통하여 주민이나 관 계 전문가 등으로부터 의견을 들어야 한다.
도시 및 주거환경정비법		
정비기본 계획		공람(14일 이상) + 지방의회의 의견청취 + 지방도시계획위원회의 심의

🏠 환지계획과 관리처분계획의 비교 총정리

구 분	도시개발법상 환지계획	도시 및 주거환경정비법상 관리처분계획
인 가	행정청이 아닌 시행자가 환지계획을 작성한 경우에는 특별자치도지사·시장·군수 또는 구청장의 인가를 받아야 한다.	사업시행자(주거환경관리사업의 시행자는 제외)는 분양신청 기간이 종료된 때에는 관리처분계획을 수립하여 시장·군수 등의 인가를 받아야 한다.
내 용	① 환지설계 ② 필지별로 된 환지명세 ③ 필지별과 권리별로 된 청산대상 토지명세 ④ 체비지 또는 보류지의 명세 ⑤ 입체환지용 건축물의 명세와 입체환지에 따른 주택의 공급방법	① 분양설계 ② 분양대상자의 주소 및 성명 ③ 분양대상자별 분양예정인 대지 또는 건축물의 추산액 ④ 분양대상별 종전의 토지 또는 건축물의 명세 ⑤ 정비사업비의 추산액 및 그에 따른 조합원 부담규모 및 부담시기 ⑥ 분양대상자의 종전의 토지 또는 건축물에 관한 소유권 외의 권리명세 ⑦ 세입자별 손실보상을 위한 권리명세 및 그 평가액

특 례	① 동의 또는 신청에 의한 환지부지정: 임차권자 등이 있는 때에는 그 동의를 받아야 한다.
	② 증환지·감환지: 시행자는 토지면적의 규모를 조정할 특별한 필요가 있으면 면적이 작은 토지는 과소 토지가 되지 아니하도록 면적을 늘려 환지를 정하거나 환지 대상에서 제외할 수 있고, 면적이 넓은 토지는 면적을 줄여서 환지를 정할 수 있다.
	③ 체비지·보류지: 시행자는 도시개발사업에 필요한 경비에 충당하거나 규약·정관·시행규정 또는 실시계획으로 정하는 목적을 위해서 보류지로 정할 수 있으며, 그중 일부를 체비지로 정하여 도시개발사업에 필요한 경비에 충당할 수 있다.
		① 주택공급의 원칙: 1세대 또는 1명이 하나 이상의 주택 또는 토지를 소유한 경우 1주택을 공급하고, 공유한 경우에는 1주택만 공급한다.
		② 특례: 소유주택만큼 공급
		  ㉠ 과밀억제권역에 위치하지 아니한 주택재건축사업
		  ㉡ 근로자 숙소, 기숙사 용도
		  ㉢ 국가, 지자체, 토지주택공사 등
		③ 2주택: 종전의 가격 및 주거전용면적의 범위에서 2주택을 공급할 수 있고, 이 중 1주택은 주거전용면적을 60㎡ 이하로 한다.
		  ⇨ 3년간 전매금지(상속의 경우는 제외)
		④ 3주택: 과밀억제권역에 위치한 재건축사업(투기과열, 조정대상제외)

🏠 건축허가와 사업계획승인의 비교 총정리

구 분	건축법상 건축허가	주택법상 사업계획승인
허가(승인)권자	🔒 건축허가권자 ① 원칙: 자치시장, 자치도지사, 시장, 군수 또는 구청장 ② 예외: 특별·광역시장(층수가 21층 이상 이거나 연면적 합계가 10만㎡ 이상인 건축물 ⇨ 증축 포함, 공장·창고 제외)	🔒 사업계획승인권자 ① 대지면적이 10만㎡ 이상인 경우: 시·도지사, 대도시 시장 ② 대지면적이 10만㎡ 미만인 경우: 특별시장, 광역시장, 특별자치시장, 특별자치도지사 또는 시장·군수 ③ 사업주체가 국가 및 한국토지주택공사인 경우: 국토교통부장관 ④ 330만㎡ 이상의 규모로 택지개발사업 또는 도시개발사업을 추진하는 구역 중 국토교통부장관이 지정·고시하는 지역인 경우: 국토교통부장관 ⑤ 지역균형발전이 필요하여 국토교통부장관이 지정·고시하는 지역인 경우: 국토교통부장관
사전승인권자	🔒 도지사의 사전승인 ① 층수가 21층 이상이거나 연면적 합계가 10만㎡ 이상인 건축물 ⇨ 증축 포함. 공장·창고는 제외 ② 자연환경이나 수질보호를 위해서 도지사가 지정·공고한 구역 + 3층 이상 또는 연면적 합계가 1천㎡ 이상 + 공동주택, 일반음식점, 일반업무시설, 숙박시설, 위락시설(단독주택×) ③ 주거환경이나 교육환경을 보호하기 위해서 도지사가 지정·공고한 구역 + 위락시설, 숙박시설	해당규정 없음
허가(승인)대상	🔒 건축법 적용대상에서 제외되는 건축물 ① 지정문화재 또는 임시지정문화재 ② 철도의 선로부지에 있는 운전보안시설, 철도선로의 위나 아래를 가로지르는 보행시설, 플랫폼, 급수·급탄·급유시설 ③ 고속도로 통행료 징수시설 ④ 컨테이너를 이용한 간이창고(공장용도 + 이동이 쉬운 것) ⑤ 하천구역 내의 수문조작실	🔒 사업계획승인대상 ① 단독주택: 30호 이상(한옥의 경우는 50호 이상) ② 공동주택: 30세대 이상 ③ 대지: 1만㎡ 이상

구 분	건축법상 건축허가	주택법상 사업계획승인
허가 및 착공 제한	① 제한권자 　㉠ 국토교통부장관 : 국토관리, 주무부 　　장관이 국방, 문화재보존, 환경보전, 　　국민경제를 위하여 요청하는 경우 　㉡ 특별시장·광역시장·도지사 : 지역 　　계획, 도시·군계획 ⇨ 국토교통 　　부장관에게 즉시 보고 ⇨ 국토교 　　통부장관은 제한의 내용이 지나치 　　다고 인정하면 해제를 명할 수 있다. ② 제한기간 : 2년 이내. 　1회에 한하여 1년의 범위에서 연장	해당 규정 없음
착공 의무	① 위반시 건축허가를 취소하여야 한다. ② 허가를 받은 자는 허가를 받은 날부터 　2년(공장은 3년)이내에 착수하여야 　한다. 다만, 정당한 사유가 있다고 인 　정되면 1년의 범위에서 착수기간을 　연장할 수 있다.	① 위반시 사업계획승인을 취소할 수 있다. ② 사업계획승인을 받은 경우 : 승인받은 　날부터 5년 이내 ⇨ 1년의 범위에서 　착수기간을 연장할 수 있다. ③ 공구별로 분할하여 시행하는 경우 　㉠ 최초로 공사를 진행하는 공구 : 승인 　　받은 날부터 5년 이내 ⇨ 1년의 범 　　위에서 착수기간을 연장할 수 있다. 　㉡ 최초로 공사를 진행하는 공구 외의 　　공구 : 해당 주택단지에 대한 최초 　　착공신고일부터 2년 이내 ⇨ 착수하 　　지 아니한 경우에는 취소할 수 없다.
기 타	🔓 건축허가의 거부 ① 위락시설, 숙박시설 + 주거환경이나 　교육환경에 부적합 ② 상습적으로 침수되거나 침수가 우려 　되는 지역에 건축하는 건축물 ⇨ 건축 　위원회의 심의	① 승인여부의 통보 : 60일 이내 ② 사업계획승인의 변경 : 변경승인을 받 　아야 한다. ③ 협의 기간 : 20일

🏠 중요 기간 총정리

국토 계획법	① 지구단위계획구역 지정·고시 + 3년 이내에 지구단위계획× ⇨ 3년이 되는 날의 다음 날 실효 ② 입안제안 : 지구단위계획 결정·고시 + 5년 이내에 착수× ⇨ 5년이 되는 날의 다음 날 실효(환원)
도시개발법	실시계획 인가 후 2년 이내에 착수× ⇨ 시행자 변경
건축법	건축허가 + 2년 이내에 착수× ⇨ 허가를 취소하여야 한다.
주택법	사업계획승인 + 5년 이내(최초로 공사를 진행하는 공구 외의 공구는 2년)에 착수× ⇨ 취소할 수 있다(단, 2공구는 취소×).
농지법	농지전용허가(신고) + 2년 이내에 목적사업착수× ⇨ 농지처분의무(1년 이내)

🏠 부동산공법상 동의요건 총정리

구 분	도시개발법	도시 및 주거환경정비법		
지정제안 (국가, 지자체, 조합은 제외)	민간사업시행자의 제안: 면적 2/3 이상	※ 조합설립추진위원회: 위원장 포함 5인 이상의 위원 + 토지 등소유자 과반수의 동의 시장·군수 등의 승인		
사업시행자	전부 환지방식: 토지 소유자나 조합지정	**종 류**	**시행자 범위**	**요 건**
		주거 환경개선사업	시장·군수 등, 토지주택공사 등, 법인	토지등소유자 2/3 이상과 세입자 과반수 동의 (천재지변의 경우를 제외)
지자체 등의 사업시행	면적 1/2 이상 + 총 수 1/2 이상 (국·공유지제외)	주택 재개발사업	조합(단독) 또는 과반수 동의(공동, 20인 미만 제외)	시장·군수 등, 토지주택 공사 등, 건설사업자, 등 록사업자, 신탁업자, 한국 부동산원 공동
수용방식으로 시행	민간사업시행자는 면적 2/3 이상을 소 유 + 총수 1/2 이상	주택 재건축사업	조합(단독) 또는 과반수 동의(공동)	시장·군수 등, 토지주택 공사 등, 건설사업자, 등 록사업자
개발계획수립 (환지방식)	면적 2/3 이상 + 총 수 1/2 이상(시행자 가 국가 또는 지방 자치단체면 동의를 받을 필요가 없다)	🔓 주민대표회의(5인 이상 25인 이하): 토지등소유자 과반수 동의 ⇨ 시장·군수 등의 승인		
조합의 설립	토지면적 2/3 이상 + 토지소유자 총수 1/2 이상	주택 재개발사업	토지등소유자 3/4 이상 + 토지면적 1/2 이상	
		주택 재건축사업	주택단지 안	각 동별 과반수의 동의와 주 택단지 전체 구분소유자 3/4 이상 + 토지면적 3/4 이상
			주택단지가 아닌 지역	토지 또는 건축물 소유자 3/4 이상 + 토지면적 2/3 이상의 동의
		🔒 재개발, 재건축(단지 안): 조합원 2/3 이상의 찬성의결		

🏠 매수청구제도 비교 총정리

구 분	도시·군계획시설부지	정비기반시설	농지의 처분	농업진흥지역
요 건	① 도시·군계획시설 결정·고시일로부터 10년 이내 사업시행× - 실시계획인가절차 없는 경우 한함 ② 지목이 대(垈)인 토지(건축물 및 정착물을 포함)	정비기반시설 설치를 위하여 토지 또는 건축물이 수용된 경우	시장·군수·구청장으로부터 농지의 처분명령을 받은 자	농업진흥지역의 농지를 소유하고 있는 농업법인
매수 의무자	① 특별시장·광역시장·자치시장·자치도지사·시장·군수 ② 사업시행자 ③ 설치·관리 의무자	토지·건축물이 수용된 자 ⇨ 사업시행자	농지의 소유자 ⇨ 한국농어촌공사	농업인 또는 농업법인 ⇨ 한국농어촌공사
매수 (청구)기간	6개월(매수 여부를 결정-통보) / 2년(매수기한)	공고일로부터 14일 이내	1년 이내 처분단, 농지 미처분자에게 ⇨ 6개월 이내 처분명령	
매수가격	토지보상법(준용)	협의하여 결정(협의가 성립되지 않은 경우에는 시장·군수가 도시계획위원회의 심의를 거쳐서 결정)	공시지가 기준 (낮은금액)	감정가격 기준
기 타	① 매수방법 ㉠ 원칙: 현금 ㉡ 예외: 채권(매수의무자가 지방자치단체인 경우로서 토지소유자가 원하는 경우 또는 비업무용 토지로서 매수대금이 3천만원을 초과하는 경우 그 초과하는 금액) ② 채권의 발행 절차 등: 지방재정법으로 정함 ③ 매수 거부 또는 지연 ⇨ 허가를 받아 3층 이하의 단독주택, 3층 이하의 1종 근린생활시설, 3층 이하의 2종 근린생활시설(단란주점, 노래연습장, 안마시술소, 다중생활시설은 제외) 및 공작물 설치	해당 대지나 건축물이 국가나 지방자치단체의 소유인 때에는 수의계약에 의하여 매각할 수 있다.	한국농어촌공사가 농지를 매수하는데 필요한 자금은 농지관리기금에서 융자한다.	한국농어촌공사가 농지를 매수하는데 필요한 자금은 농지관리기금에서 이를 융자한다.

🏠 부동산공법상 가격 총정리

부동산공법상 가격기준		
국토 계획법	도시·군계획시설 부지에서의 매수가격	공익사업을 위한 토지 등의 취득 및 보상에 관한 법률 준용
도시 개발법	수용 또는 사용방식으로 조성된 토지 공급가격	감정가격(학교, 폐기물 처리시설 등은 감정가격 이하)
	원형지 공급가격	감정가격 + 시행자가 설치한 기반시설 공사비 ⇨ 시행자와 원형지 개발자가 협의
	환지방식	감정평가업자가 평가한 가격 ⇨ 토지평가협의회의 심의를 거쳐 결정
주택법	체비지의 우선매각	① 원칙: 감정가격 ② 예외: 임대주택 ⇨ 조성원가
	지구단위계획구역에서의 매도청구	시가
농지법	농지의 처분명령을 받은 자의 매수가격	공시지가 또는 실제거래가격(낮은 가격)
	농업진흥지역에서 농업인 또는 농업법인	감정가격

🏠 부동산공법상 경미한 사항 총정리

국토계획법	도시개발법	도시 및 주거환경정비법
① 축소변경: 도시지역 축소에 따른 용도지역의 변경을 도시·군관리계획으로 입안하는 경우에는 주민 및 지방의회 의견청취를 생략할 수 있다. ② 실시계획의 변경: 인가받은 실시계획을 변경하거나 폐지하는 경우에도 인가를 받아야 한다. 다만, ㉠ 사업구역경계의 변경이 없는 범위 안에서 행하는 건축물 또는 공작물의 연면적 10% 미만의 변경, ㉡ 학교시설의 변경인 경우에는 변경인가를 받지 않아도 된다. ③ 개발행위허가의 변경: 개발행위허가를 받은 사항을 변경하는 경우에는 변경에 대한 허가를 받아야 한다. 다만, ㉠ 사업기간을 단축하는 경우, ㉡ 부지면적 및 건축물 연면적을 5% 범위 안에서 축소하는 경우에는 통지(허가×)하여야 한다.	① 조합설립인가의 변경: 조합이 인가를 받은 사항을 변경하려면 지정권자로부터 변경인가를 받아야 한다. 다만, ㉠ 주된 사무소 소재지의 변경, ㉡ 공고방법의 변경인 경우에는 신고하여야 한다. ② 실시계획의 변경: 인가받은 실시계획을 변경하거나 폐지하는 경우에도 인가를 받아야 한다. 다만, ㉠ 사업시행면적의 100의 10 범위에서 면적의 감소, ㉡ 사업비의 100분의 10의 범위에서 사업비의 증감의 경우에는 변경인가를 받지 않아도 된다. ③ 환지계획의 변경: 인가받은 환지계획을 변경하려는 경우에는 인가를 받아야 한다. 다만, ㉠ 종전 토지의 합필 또는 분필로 환지명세가 변경되는 경우, ㉡ 환지로 지정된 토지나 건축물을 금전으로 청산하는 경우에는 변경인가를 받지 않아도 된다.	① 조합설립인가의 변경: ㉠ 조합설립인가를 받은 사항을 변경하고자 하는 때에도 인가를 받아야 한다. 다만, 조합임원 또는 대의원의 변경(조합장은 총회의 의결을 거쳐 변경인가를 받아야 한다) ㉡ 토지 또는 건축물의 매매 등으로 인하여 조합원의 권리가 이전된 경우 ㉢ 정비구역 또는 정비계획의 변경에 따라 변경되어야 하는 사항(정비구역 면적이 10% 이상 변경되는 경우는 변경인가를 받아야 함)의 경우에는 조합원의 동의 없이 시장·군수에게 신고하고 변경할 수 있다. ② 사업시행계획의 변경: 인가받은 사업시행계획을 변경하거나 정비사업을 중지 또는 폐지하는 경우에도 인가를 받아야 한다. 다만, ㉠ 건축물이 아닌 부대·복리시설의 설치규모를 확대하는 때(위치가 변경되는 경우를 제외한다) ㉡ 대지 면적을 10% 범위 안에서 변경하고자 하는 때에는 시장·군수에게 신고하여야 한다. ③ 관리처분계획의 변경: 인가받은 관리처분계획을 변경하거나 정비사업을 중지 또는 폐지하는 경우에도 인가를 받아야 한다. 다만, ㉠ 관리처분계획의 변경에 대하여 이해관계가 있는 토지소유자 전원의 동의를 얻어 변경하는 때, ㉡ 매도 청구에 대한 판결에 따라 관리처분계획을 변경하는 때, ㉢ 주택분양에 관한 권리를 포기하는 토지등소유자에 대한 임대주택의 공급에 따라 관리처분계획을 변경하는 때에는 시장·군수에게 신고하여야 한다.

🏠 부동산공법상 개발행위허가의 비교 총정리

국토의 계획 및 이용에 관한 법률	
허가권자	특별시장·광역시장·특별자치시장·특별자치도지사·시장 또는 군수

허가대상	(1) 건축물의 건축
	(2) 공작물(인공을 가하여 제작한 시설물)의 설치
	(3) 토지의 형질변경: 절토, 성토, 정지, 포장 등의 방법으로 토지의 형상을 변경하는 행위와 공유수면의 매립
	(4) 토석의 채취(토지의 형질변경을 목적으로 하는 것을 제외)
	(5) 다음의 토지분할(건축법상 건축물이 있는 대지는 제외)
	  ① 녹지지역·관리지역·농림지역 및 자연환경보전지역 안에서 관계 법령에 따른 허가·인가 등을 받지 아니하고 행하는 토지의 분할
	  ② 건축법에 의한 분할제한면적 미만으로의 토지의 분할
	  ③ 법령에 의한 허가 등을 받지 아니하고 행하는 너비 5m 이하로의 토지의 분할
	(6) 물건을 쌓아놓는 행위: 녹지지역, 관리지역 또는 자연환경보전지역 안에서 건축물의 울타리 안에 위치하지 아니한 토지에 물건을 1월 이상 쌓아놓는 행위

허용사항
(허가×)
	(1) 도시·군계획사업(도시·군계획시설사업 + 도시개발사업 + 정비사업)
	(2) 경작을 위한 토지의 형질변경, 다만,
	  ① 인접토지의 관개·배수 및 농작업에 영향을 미치는 경우,
	  ② 수질오염 또는 토질오염의 우려가 있는 토사 등을 사용하여 성토하는 경우,
	  ③ 지목의 변경을 수반하는 경우(전·답 사이의 변경은 제외)에는 허가를 받아야 한다.
	(3) 재해복구나 재난수습을 위한 응급조치(1개월 이내에 신고)
	(4) 다음의 경미한 행위
	  ① 공작물의 설치: 녹지지역, 관리지역, 농림지역 안에서의 농림어업용 비닐하우스의 설치(비닐하우스 안에 설치하는 육상어류 양식장은 제외)
	  ② 토지분할
	    ㉠ 토지의 일부를 공용용지 또는 공용지로 하기 위한 토지의 분할
	    ㉡ 토지의 일부가 도시·군계획시설로 지형도면의 고시가 된 토지의 분할

도시개발법	
허가권자	특별시장·광역시장·특별자치도지사·시장 또는 군수
허가대상	(1) 건축물(가설건축물의 포함)의 건축, 대수선, 용도변경 (2) 공작물의 설치: 인공을 가하여 제작한 시설물의 설치 (3) 토지의 형질변경: 토지의 형상을 변경하는 행위, 토지의 굴착, 공유수면의 매립 (4) 토석의 채취 (5) 토지의 분할 (6) 물건을 쌓아놓는 행위: 옮기기 쉽지 아니한 물건을 1개월 이상 쌓아놓는 행위 (7) 죽목의 벌채 및 식재

허용사항 (허가×)	(1) 재해복구 또는 재난수습에 필요한 응급조치 (2) 다음에 해당하는 경미한 행위 　① 농림수산물의 생산에 직접 이용되는 것으로서 국토교통부령으로 정하는 간이 　　공작물의 설치(비닐하우스 등) 　② 경작을 위한 토지의 형질변경 　③ 도시개발구역의 개발의 지장을 주지 아니하고 자연경관을 손상하지 아니하는 　　범위에서의 토석의 채취 　④ 도시개발구역에 남겨두기로 결정된 대지에서 물건을 쌓아놓는 행위 　⑤ 관상용 죽목의 임시식재(경작지에서의 임시식재는 제외)
의 제	국토의 계획 및 이용에 관한 법률에 따른 개발행위허가를 받은 것으로 본다.

도시 및 주거환경정비법	
허가권자	시장·군수 등
허가대상	(1) 건축물(가설건축물의 포함)의 건축, 용도변경(대수선×) (2) 공작물의 설치: 인공을 가하여 제작한 시설물의 설치 (3) 토지의 형질변경: 토지의 형상을 변경하는 행위, 토지의 굴착, 공유수면의 매립 (4) 토석의 채취 (5) 토지의 분할 (6) 물건을 쌓아놓는 행위: 이동이 용이하지 아니한 물건을 1개월 이상 쌓아놓는 행위 (7) 죽목의 벌채 및 식재
허용사항 (허가×)	(1) 재해복구 또는 재난수습에 필요한 응급조치를 위하여 하는 행위 (2) 다음에 해당하는 경미한 행위 　① 농림수산물의 생산에 직접 이용되는 것으로서 국토교통부령으로 정하는 간이 　　공작물의 설치(비닐하우스, 탈곡장, 퇴비장) 　② 경작을 위한 토지의 형질변경 　③ 도시개발구역의 개발의 지장을 주지 아니하고 자연경관을 손상하지 아니하는 　　범위에서의 토석의 채취 　④ 정비구역 안에 존치하기로 결정된 대지에서 물건을 쌓아놓는 행위 　⑤ 관상용 죽목의 임시식재(경작지에서의 임시식재는 제외)
의 제	국토의 계획 및 이용에 관한 법률에 따른 개발행위허가를 받은 것으로 본다.

📖 부동산공법상 허가제한 비교 총정리

	국토의 계획 및 이용에 관한 법률상 개발행위허가의 제한
제한권자	국토교통부장관, 시·도지사, 시장 또는 군수
제한지역	① 녹지지역이나 계획관리지역으로서 수목이 집단적으로 자라고 있거나 조수류 등이 집단적으로 서식하고 있는 지역 또는 우량농지 등으로 보전할 필요가 있는 지역 ② 개발행위로 인하여 주변의 환경, 경관, 미관, 문화재 등이 크게 오염되거나 손상될 우려가 있는 지역 ③ 도시·군기본계획이나 도시·군관리계획을 수립하고 있는 지역으로서 그 도시·군기본계획이나 도시·군관리계획이 결정될 경우 용도지구 또는 용도구역의 변경이 예상되고 그에 따라 개발행위허가의 기준이 크게 달라질 것으로 예상되는 지역 ④ 지구단위계획구역으로 지정된 지역 ⑤ 기반시설부담구역으로 지정된 지역
제한기간	① 1회에 한하여 3년 이내의 기간 동안 개발행위허가를 제한할 수 있다. ② 위 제한지역 중 ③부터 ⑤에 해당하는 지역에 대하여는 1회에 한하여 2년 이내의 기간 동안 개발행위허가의 제한을 연장할 수 있다.
제한절차	국토교통부장관, 시·도지사, 시장 또는 군수는 도시계획위원회의 심의(연장 ➡ 심의×)를 거쳐 개발행위허가를 제한할 수 있다.
고시	국토교통부장관, 시·도지사, 시장 또는 군수는 개발행위허가를 제한하려면 제한지역, 제한사유, 제한대상행위 및 제한기간을 미리 고시하여야 한다.
	건축법상 건축허가 및 착공의 제한
제한권자/ 제한사유	① 국토교통부장관은 국토관리를 위하여 특히 필요하다고 인정하거나 주무부장관이 국방, 문화재보존, 환경보전 또는 국민경제를 위하여 특히 필요하다고 인정하여 요청하면 허가권자의 건축허가나 허가를 받은 건축물의 착공을 제한할 수 있다. ② 특별시장·광역시장·도지사는 지역계획이나 도시·군계획에 특히 필요하다고 인정하면 시장·군수·구청장의 건축허가나 허가를 받은 건축물의 착공을 제한할 수 있다. 특별시장·광역시장·도지사는 시장·군수·구청장의 건축허가나 건축물의 착공을 제한한 경우 즉시 국토교통부장관에게 보고하여야 하며, 보고를 받은 국토교통부장관은 제한의 내용이 지나치다고 인정하면 해제를 명할 수 있다.
제한기간	건축허가나 건축물의 착공을 제한하는 경우 제한기간은 2년 이내로 한다. 다만, 1회에 한하여 1년 이내의 범위에서 제한기간을 연장할 수 있다.
통보/공고	국토교통부장관, 특별시장·광역시장·도지사 ➡ 허가권자(공고)

🏠 부동산공법상 수용 또는 사용의 비교 총정리

국토계획법상 도시·군계획시설사업의 수용 또는 사용	
수용권자	① 토지 등의 수용 또는 사용권: 도시·군계획시설사업의 시행자는 도시·군계획시설사업에 필요한 다음의 물건 또는 권리를 수용하거나 사용할 수 있다. ㉠ 토지·건축물 또는 그 토지에 정착된 물건 ㉡ 토지·건축물 또는 그 토지에 정착된 물건에 관한 소유권 외의 권리 ② 인접한 토지 등의 일시사용권: 도시·군계획시설사업의 시행자는 사업시행을 위하여 특히 필요하다고 인정되면 도시·군계획시설에 인접한 토지·건축물 또는 그 토지에 정착된 물건이나 그 토지·건축물 또는 물건에 관한 소유권 외의 권리를 일시사용할 수 있다.
준용	토지 등의 수용 및 사용에 관하여는 국토의 계획 및 이용에 관한 법률에 특별한 규정이 있는 경우 외에는 공익사업을 위한 토지 등의 취득 및 보상에 관한 법률을 준용한다.
특례	① 사업인정 및 고시의 의제: 실시계획을 고시한 경우에는 공익사업을 위한 토지 등의 취득 및 보상에 관한 법률에 따른 사업인정 및 고시가 있는 것으로 본다. ② 재결신청기간의 연장: 재결신청은 공익사업을 위한 토지 등의 취득 및 보상에 관한 법률에도 불구하고 실시계획에서 정한 사업시행기간에 하여야 한다.
도시개발법상 도시개발사업의 수용 또는 사용	
수용권자	① 사업시행자는 도시개발사업에 필요한 토지 등을 수용하거나 사용할 수 있다. ② 민간사업시행자는 사업대상 토지면적의 3분의 2 이상에 해당하는 토지를 소유하고 토지소유자 총수의 2분의 1 이상에 해당하는 자의 동의를 받아야 한다. ③ 토지소유자 동의요건 산정기준일은 도시개발구역 지정·고시일을 기준으로 하며, 그 기준일 이후 시행자가 취득한 토지에 대하여는 동의요건에 필요한 토지소유자 총수에 포함하고 이를 동의한 자의 수로 산정한다.
준용	토지 등의 수용 및 사용에 관하여는 도시개발법의 특별한 규정이 있는 경우 외에는 공익사업을 위한 토지 등의 취득 및 보상에 관한 법률을 준용한다.
특례	① 사업인정 및 고시의 의제: 수용 또는 사용의 대상이 되는 토지의 세부목록을 고시한 경우에는 사업인정 및 고시가 있었던 것으로 본다. ② 재결신청기간: 재결신청은 공익사업을 위한 토지 등의 취득 및 보상에 관한 법률에도 불구하고 개발계획에서 정한 시행기간에 하여야 한다.

도시 및 주거환경정비법상 정비사업의 수용 또는 사용	
수용권자	사업시행자는 정비구역 안에서 정비사업(주택재건축사업의 경우에는 천재지변 등 긴급하게 사업을 시행할 필요가 있는 경우에 한함)을 시행하기 위하여 필요한 경우에는 공익사업을 위한 토지 등의 취득 및 보상에 관한 법률에 의한 토지나 물건 또는 그 밖의 권리를 취득하거나 사용할 수 있다.
준 용	정비구역 안에서 정비사업의 시행을 위한 토지 또는 건축물의 소유권과 그 밖의 권리에 대한 수용 또는 사용에 관하여는 도시 및 주거환경정비법에 특별한 규정이 있는 경우를 제외하고는 공익사업을 위한 토지 등의 취득 및 보상에 관한 법률을 준용한다.
특 례	① 사업인정 및 고시의 의제 : 사업시행인가의 고시가 있는 때에는 공익사업을 위한 토지 등의 취득 및 보상에 관한 법률의 규정에 의한 사업인정 및 고시가 있는 것으로 본다. ② 재결신청기간의 연장 : 재결신청은 공익사업을 위한 토지 등의 취득 및 보상에 관한 법률의 규정에 불구하고 사업시행인가를 할 때 정한 사업시행기간 이내에 하여야 한다. ③ 현물보상 : 대지 또는 건축물을 현물보상하는 경우에는 공익사업을 위한 토지 등의 취득 및 보상에 관한 법률의 규정에 불구하고 준공인가 이후에 그 현물보상을 할 수 있다.
주택법상 토지 등의 수용 또는 사용	
수용권자	국가·지방자치단체·한국토지주택공사 및 지방공사인 사업주체가 국민주택을 건설하거나 국민주택을 건설하기 위한 대지를 조성하는 경우에는 토지나 토지에 정착한 물건 및 그 토지나 물건에 관한 소유권 외의 권리를 수용하거나 사용할 수 있다.
준 용	주택법에 따라 토지 등을 수용하거나 사용하는 경우 주택법에 규정된 것 외에는 공익사업을 위한 토지 등의 취득 및 보상에 관한 법률을 준용한다.
특 례	① 사업인정 및 고시의 의제 : 공익사업을 위한 토지 등의 취득 및 보상에 관한 법률을 준용하는 경우에는 공익사업을 위한 토지 등의 취득 및 보상에 관한 법률에 따른 사업인정을 사업계획승인으로 본다. ② 재결신청기간의 연장 : 재결신청은 공익사업을 위한 토지 등의 취득 및 보상에 관한 법률의 규정에도 불구하고 사업계획승인을 받은 주택건설사업기간 이내에 할 수 있다.

🏠 부동산공법상 실효규정 총정리

시가화조정 구역의 실효	시가화조정구역의 지정에 관한 도시·군관리계획의 결정은 5년 이상 20년 이내에서 정한 시가화유보기간이 끝난 날의 다음 날부터 그 효력을 잃는다.
도시·군계획 시설 결정의 실효	도시·군계획시설결정이 고시된 도시·군계획시설에 대하여 그 고시일로부터 20년이 지날 때까지 그 시설의 설치에 관한 도시·군계획시설사업이 시행되지 아니하는 경우 20년이 되는 날의 다음 날에 그 효력을 잃는다.
지구단위계획 구역 및 지구단위계획 의 실효	① 지구단위계획구역의 실효: 지구단위계획구역의 지정에 관한 도시·군관리계획결정의 고시일로부터 3년 이내에 그 지구단위계획에 관한 지구단위계획에 관한 지구단위계획이 결정·고시되지 아니하면 그 3년이 되는 날의 다음 날에 효력을 잃는다. ② 지구단위계획의 실효: 지구단위계획(주민이 입안을 제안한 것에 한함)에 관한 도시·군관리계획결정의 고시일로부터 5년 이내에 사업이나 공사에 착수하지 아니하면 5년이 되는 날의 다음 날에 효력을 잃는다.
기반시설부담 구역지정의 해제	기반시설부담구역의 지정·고시일부터 1년이 되는 날까지 기반시설설치계획을 수립하지 아니하면 그 1년이 되는 날의 다음 날에 기반시설부담구역의 지정은 해제된 것으로 본다.
도시개발구역 지정의 해제	① 도시개발구역 지정하기 전에 개발계획을 수립한 경우 　㉠ 도시개발구역이 지정·고시된 날부터 3년이 되는 날까지 실시계획의 인가를 신청하지 아니하는 경우에는 그 3년이 되는 날의 다음 날 　㉡ 도시개발사업의 공사완료의 공고일의 다음 날(환지방식에 따른 사업인 경우에는 그 환지처분의 공고일의 다음 날) – 종전의 용도지역으로 환원× ② 도시개발구역을 지정한 후 개발계획을 수립하는 경우 　㉠ 도시개발구역이 지정·고시된 날부터 2년이 되는 날까지 개발계획을 수립·고시하지 아니하는 경우에는 그 2년이 되는 날의 다음 날(다만, 면적이 330만m² 이상인 경우에는 5년이 되는 날의 다음 날) 　㉡ 개발계획을 수립·고시한 날부터 3년이 되는 날까지 실시계획 인가를 신청하지 아니하는 경우에는 그 3년이 되는 날의 다음 날(다만, 면적이 330만m² 이상인 경우에는 5년이 되는 날의 다음 날)

🏠 부동산공법상의 청산금 비교 총정리

도시개발법상 청산금	
고려사항	환지를 정하거나 그 대상에서 제외한 경우 그 과부족분은 종전의 토지 및 환지의 위치, 지목, 면적, 토질, 수리, 환경, 그 밖의 사항을 종합적으로 고려하여 금전으로 청산하여야 한다.
징수/교부	시행자는 환지처분이 공고된 후에 확정된 청산금을 징수하거나 교부하여야 한다. 다만, 환지를 정하지 아니하는 토지에 대하여는 환지처분 전이라도 청산금을 교부할 수 있다.
결 정	청산금은 환지처분을 하는 때에 결정하여야 한다. 다만, 환지대상에서 제외한 토지 등에 대하여는 청산금을 교부하는 때에 청산금을 결정할 수 있다.
확 정	청산금은 환지처분이 공고된 날의 다음 날에 확정된다.
강제징수 및 위탁수수료	① 행정청인 시행자는 청산금을 내야 할 자가 이를 내지 아니하면 국세 또는 지방세 체납처분의 예에 따라 징수할 수 있으며, 행정청이 아닌 시행자는 특별자치도지사, 시장·군수 또는 구청장에게 청산금의 징수를 위탁할 수 있다. ② 행정청이 아닌 시행자는 특별자치도지사·시장·군수 또는 구청장이 징수한 금액의 100분의 4에 해당하는 금액을 지급하여야 한다.
소멸시효	청산금을 받을 권리나 징수할 권리를 5년간 행사하지 아니하면 시효로 소멸한다.
도시 및 주거환경정비법상 청산금	
징수/지급	① 원칙 : 대지 또는 건축물을 분양받은 자가 종전에 소유하고 있던 토지 또는 건축물의 가격과 분양받은 대지 또는 건축물의 가격사이에 차이가 있는 경우에는 사업시행자는 소유권이전의 고시가 있는 후에 그 차액에 상당하는 금액을 분양받은 자로부터 징수하거나 분양받은 자에게 지급하여야 한다. ② 현금청산 : 사업시행자는 분양신청을 하지 아니한 자에 대하여는 관리처분계획의 인가를 받은 날로부터 90일 이내에 토지·건축물 또는 그 밖의 권리에 대하여 현금으로 청산하여야 한다.
강제징수 및 위탁수수료	① 청산금을 납부할 자가 이를 납부하지 아니하는 경우에는 시장·군수인 사업시행자는 지방세 체납처분의 예에 의하여 이를 징수할 수 있으며, 시장·군수가 아닌 사업시행자는 시장·군수에게 청산금의 징수를 위탁할 수 있다. ② 사업시행자는 징수한 금액의 100분의 4에 해당하는 금액을 당해 시장·군수에게 교부하여야 한다.
소멸시효	청산금을 지급받을 권리 또는 이를 징수할 권리는 소유권이전의 고시일 다음 날부터 5년간 이를 행사하지 아니하면 소멸한다.
물상대위	정비사업을 시행하는 지역 안에 있는 토지 또는 건축물에 저당권을 설정한 권리자는 저당권이 설정된 토지 또는 건축물의 소유자가 지급받을 청산금에 대하여 청산금을 지급하기 전에 압류절차를 거쳐 저당권을 행사할 수 있다.

- 국토의 계획 및 이용에 관한 법률
- 건축법
- 주택법
- 농지법
- 도시개발법
- 도시 및 주거환경정비법

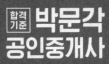

중요 key word

중요 Key Word

00 행정기관

1. **중앙행정기관의 장**: 장관

2. **지방행정기관의 장**
   ① 시·도지사: 특별시장·광역시장·특별자치시장·특별자치도지사 /도지사
   ② 시·군수: 특별시장·광역시장·특별자치시장·특별자치도지사 / 시장·군수
   ③ 시·군·구청장: 특별자치시장·특별자치도지사 / 시장·군수 / 구청장(자치군수 포함)

국토의 계획 및 이용에 관한 법률

01 용어정의

1. **추상**(광역, 도시·군기본) ⇨ **구체**(도시·군관리)

2. **광역**(2↑ 지역 – 광역계획권), **기본**(1개 지역)
   🔒 우선순서: 국가 ≫ 광역 ≫ 기본

3. **도시·군계획사업**: 도시·군계획시설사업, 도시개발사업, 정비사업

4. **지구단위계획**: 일부(지정 – 전부 또는 일부)

5. **도시·군계획시설**: 기반시설 중 도시·군관리계획결정

6. **용도지역**(이름 – 중복X), **용도지구**(별명 – 중복), **용도구역**(사회적 지위 – 중복)

7. **개발밀도관리구역**(강화), **기반시설부담구역**(완화)

02 광역도시계획(3광 5기)

1. **지정**(임): 국·장(시·도)/도지사(시장·군수)

2. **기초조사**(생략X): 5년

3. **비구속적**(공청회, 행정쟁송X)
   🔒 공청회 – 생략X

4. 수립 : 2개↑ 지역(원칙), 3년 승인신청X(국·장/도지사) – 필요적

　　🔒 공동(수립 + 지정권자), 단독(도지사) – 임의적

5. 심의 : 장관은 중앙, 지자체장은 지방

6. 기준 : 국·장

7. 승인(조정)권자는 국·장(시·도)/도지사(시장·군수)

8. 공고는 공보(지자체 각각 개별적), 재검토X

03 　도시·군기본계획

1. 비구속적(공청회, 행정쟁송X),

2. 수립 : 홀로(시·군수), 연계수립가능(전부 또는 일부 포함)

3. 수립예외(시장·군수) : ① 수도권X + 광역시경계X + 시·군 인구 10만명↓ ② 광역도시 계획 전부 수립

4. 기준 : 국·장

5. 수립·승인 : 국·장×, 심의 : 중앙×

　　🔒 국·장 협의

6. 토지적성·재해취약 5년 이내 실시 – 생략가능

7. 승인 : 수립권자 단, 시장·군수(도지사 승인)

8. 5년 : 재검토

04 　도시·군관리계획절차

1. 구속적(의견청취, 행정쟁송O)

2. 입안 : 시·군수(원칙), 국장·도지사(예외), 차등입안

3. 입안제안 : ① 주민등 – 기(4/5↑), 지·산·입 (2/3↑) – 국·공유지 제외 ② 비용 임의적 부담

4. 긴급시 : 추상적 계획과 구체적 계획 동시입안

5. 생략가능 : 기초조사(지구, 해제, 5년〈환경X〉) / 주민의견청취(기밀, 경미), 의회 의견청취 (경미, 지구) / 협의·심의(기밀)

　　🔒 기밀은 중앙행정기관의 장 요청필요

6. 공동심의(도시계획 + 건축위원회) : 지구

7. 결정권자 : 시·도지사(대도시 포함), 시장·군수(지구 제외. 도지사 승인)

8. **효력**: 지형도면을 고시한 날(다음 날X)

9. **기득권보호**(수·시: 3월 이내 신고)

10. **재검토**: 5년

   🔒 3광5기, 주민14, 입안제안통지45, 결과통보60, 나머지30

05   용도지역

1. **이름**(중복X): 용도·건·용·높 제한, 도시·군관리계획

2. **도**[주(전⟨12⟩일⟨123⟩준)·상(중일유근)·공(전일준)·녹(보생자)], / 관(보생계), / 농, /자

3. **전용**(양호): 1종(단독) 2종(공동) 일반(편리): 1종(저층) 2종(중층) 3종(중·고층)

4. **자연녹지**(제한적 개발), **계획관리**(편입)

5. **공유수면**은 옆 지역과 목적이 같으면 같은 이름(결정X, 고시O), 다르면 원칙(도시·군관리계획)으로

6. **어·항**(도시연접)/**산**(농공X)/**택**/**전예**(수·변X) – 도시지역 결정·고시 간주

   🔒 관리지역(농업진흥: 농림, 보전산지: 농림·자환)

7. **이름**이 없으면 가장 보전하는 지역

8. **도시지역 적용X**: 접도구역, 농지취득자격(녹지제외)

06   용도지구

1. **별명**(중복): 용도지역 용도·건·용·높 강화/완화(안전·경관), 도시·군관리계획, 임의적 (방재 예외 존재)

2. **경**(특·자·시), **취**(집·자),**개**(특·주·산·관·복), **방**(자·시), **보**(역·중·생) / **고**·**방**·**특**·**복**·**대**

3. **고도**(최고)·**특화경관**(건축물)·**역사보호**(시설)·**집단취락**(개발제한구역안)·**방재**(의무)·**특정개발**(~외)

4. **행위제한**: **고**(관리), **취**(개제·국계시), **개**(계획), **방화**(건축) 그 외: **조례**

   🔒 자연취락지구: 4층↓(X: 공동주택, 먹고 마시고 노는 곳, 장례시설, 관광휴게, 의료시설 등)
   – 허용) 노래연습장, 동물병원, 단독주택, 방송시설

07 　용도구역

1. **사회적 지위**(중복) : 용도지역 및 용도지구 용도 · 건 · 용 · 높 강화/완화(무질서), 도시 · 군 관리계획
2. **지정** : 수(해 · 장), 도(시 · 도 · 대도시), 개(국 · 장), 시(시 · 도지사, 국 · 장), **입**(관리결정권자)
   🔒 국방부장관 요청 : 개발제한
3. **행위제한** : 수(수자법), 도(도공법), 개(개제법), **시 · 입**(국계법 - 입지계획)
4. **시가화조정** : 5~20년 유보, 다음 날 실효(고시)
5. **시가화조정행위허용**(1차, 공용, 증축)
6. **입지규제최소** : 1, 주 · 미 · 복 · 부 · 공개배제, 특별건축구역 의제, 국계법충성, 건축선 완화X

08 　최대 건축연면적

1. **용적률/건폐율의 가중평균**(곱하고 더해라)
   예 A지역(대지면적 × 용적률) + B지역(대지면적 × 용적률) = 최대연면적
2. **고도지구**가 다른지구와 함께 걸쳐 있으면 건축물과 대지 모두 고도지구를 따른다.
3. **방화지구**가 다른지구와 함께 걸쳐 있으면 건축물만 방화지구를 따른다(단, 방화벽설치시 각각 적용).
4. **녹지지역**이 다른지역과 함께 걸쳐 있으면 건축물과 대지는 각각 적용한다(단, 녹지지역도 고도 · 방화지구시에는 2.3 따름).

09 　지구단위

1. **계획은 일부, 지정은 전부 또는 일부 / 완화**
2. **도시지역 의무적 지정** : 정 · 택(10년↑), 시공해제 / 녹 ⇨ 주상공(30만m²↑)
   🔒 비도시 지정(임) - 계획(50%↑ + 관리), 개발진흥(주거 : 계관, 산유 : 보전X, 관휴 : 전부)
3. **도시완화** : 건(150% 이내), 용(200% 이내), 높(120% 이내), **주차장**(100%)
   🔒 건 · 용 비도시동일(높X, 주차장X)
4. **의무적 포함** : 건 · 용 · 높 + 용 · 기(건축선:임)
5. **행위제한** : 계획 맞게(가설제외)
6. **실효** : 원칙(3년 다음 날), **주민입안제안**(5년 다음 날, 환원), **고시**(시장 · 군수 포함)

10 기반시설

1. 전용도로(자동차, 자전거, 보행자), 우선도로(보행자), 고속도로X

2. 광장이 붙어 있으면 모두 광장

3. 보건위생시설: 가기 싫은 곳(장사시설, 종합의료시설, 도축장)

4. 환경기초시설(폐, 하, 빗물, 폐, 수)

5. 도시 · 군계획시설: 기반시설 중 도시 · 군관리계획으로 결정된 시설

6. 도시 · 군계획시설관리: 국가는 장관이 하고 지방은 조례로 정함

7. 광역시설 설치 · 관리: 도시 · 군계획시설설치 · 관리규정 따름 – 국가계획(법인)

11 공동구

1. 의무적 설치: 200만m² 초과(사업시행자) – 산업X, 관광X

2. 설치완료시 점용예정자에게 개별통지

3. 임의적 수용(심의): 가스관, 하수도관

4. 설치비용부담은 점용예정자, 관리비용은 점용자(점용면적 비율고려)

5. 유지관리계획(5년), 안전점검(1년에 1회↑)

12 도시 · 군계획시설사업

1. 단계별 집행계획: 3개월(재원 · 보상), 2년(타법률 의제시), 1단계(3년전)집행계획에 2단계 (3년 후)계획이 포함

   🔒 변경인가X: 명칭변경, 구역변경없이 10% 미만, 5

2. 민간사업시행자조건: 면적 2/3↑ + 소유자총수1/2↑동의 필요(국 · 똘 제외)

3. 민간시행자만 이행보증금 발생(국 · 똘 제외)

4. 타인토지출입(7일 전), 타인토지일시사용 · 장애물제거변경(동의, 3일 전), 소유자 · 점유 자 · 관리인에게 사전통지

   🔒 비행정청 시행자: 출입 · 사용 등 행정청 허가

5. 일출 전, 일몰 후 출입제한: 점유자에게만 승낙

6. 손실보상(공사업), 행정심판(행정청)

13   매수청구

1. **10년 이내 시행×**(단, 인가절차×) + **지목대**(건축물 포함) : **청구**(시행자에게, 임의적)
   - 🔒 2년 미집행 가설, 재·개축
   - 🔒 10년 이내 인가절차이행 : 5년/7년(면적 2/3↑소유)
2. **6월 이내 매수 여부 결정**, 결정 통지 후 **2년 이내 매수**(필)
3. **매수×** : 3층 이하 단독주택·근린생활시설(먹고 마시고·노는 공간 제외, 다중생활시설 제외)· 공작물
4. **매수가격** : 사는 사람이 갑(토지보상법 준용)
5. **매수시** : 도시·군계획시설 채권 발행(지자체만, 보증×, 무기명), 원함·3천 초과금
6. **해제** : 입안권자(3개월), 결정권자(2개월), **국·장**(해제권고 – 1년)
7. **실효** : 고시일로부터 20년이 되는 날의 다음 날

14   개발행위허가

1. **허가대상** : 건·물·토·토·토(도시·군계획시설사업 제외)
2. **허가X** : 녹관농비닐(양식제외), 조성완료, 사도허가, 공적문제, 농림물건쌓기, 경작목적, 형질변경 토석채취, 단축, 축소, 5, 전·답지목변경, 응급조치(1개월 이내 신고),
3. **개발행위 기준면적**(미만) : 농공관리3만, 보보5천, 나머지1만
4. **준공검사X** : 토지분할, 물건쌓기
5. **허가제한은 원칙 심의거쳐 3년**(심의없이 2년연장 – 도시·군계획, 지구, 기반부담)
6. **성장관리계획은 녹지지역, 관리지역, 농림지역 및 자연환경보전지역에 지정**(임, 완화)
   - 🔒 건완화 : 계50%↓, 그 외30%↓ 용완화 : 계125%↓
   - 🔒 의무적포함 : 건·용·높 + 용·기 + 배색형(건축선X)
7. **공공시설귀속** : 행(무상귀속). 비행(종래·폐지 상당양도)

15   개발밀도관리구역 등

1. **개발밀도관리구역은 강화**(용적률 50%)
   - 🔒 변화시 : 주기적 검토(완화·강화·해제)
2. **기반시설부담은 완화**(국민임대주택X, 대학X)
3. **개발밀도관리는 2년 이내, 20%↑, 기반시설부담은 개·인 20%↑**(2년X)

4. 개발밀도관리는 주민의견X

5. 기반시설부담은 1년 다음 날 해제

6. 기반시설부담은 200m² 초과 신·증축, 2개월(부과), 사용승인신청시(납부), 물납가능(초과X), 강제징수

7. 기반시설유발계수 : 집, 노.운.교., 수.업.죽음(0.7), 의료(0.9), 숙박(1.0), 관광휴게(1.9), 위락(2.1), 1종(1.3), 2종(1,6)

8. 청문(시·군·구) : 허가·인가·시행자지정취소

9. 도시계획위원회 : **공통**(25 - 30, 2년, 재과출석·출과찬성), **차이**(중앙위촉, 지방 위원장위촉·부위호선)

건축법

16 건축법 용어정의

1. 지하층은 층고 1/2↑이 지표하(땅아래)

2. 주요구조부는 내, 기, 바, 보, 지, 주 이다.

3. 고층(30층↑·120m↑)은 초고층(50층↑·200m↑)과 준초고층으로 나뉜다.

4. 다중(5천m²↑), 준다중(1천m²↑)
   🔒 준다중(교.장.위.관.노.운 – 준다)

5. 16층↑은 무조건 다중이용건축물

6. 부속건축물(건축물과 분리)

7. 특수구조건축물(3m↑돌출, 기기 20m↑)

17 건축법 적용

1. 건축법상 건축물이란 지붕과 기둥 또는 벽(지하나 고가설치 불문) – 예외〉 문화재, 철도(역사X), 톨게이트, 간이창고, 수문조작실

2. 공작물(건축물과 분리)이란 2옹담이, 4기장광과 5태에게, 6골굴을, 8고, 지하30m²에 숨음 [넘음]
   🔒 기계식주차장 8m↓, 철탑 6m 넘음, 첨탑4m 넘음

3. 신축이란 무에서 유를 창조하거나 박살된 건축물 없애고 기존보다 더 크게 건축

4. 증축은 멀쩡한 기존건축물 더 크게 건축

5. 이전이란 주요구조부 해체하지 않고 같은 대지 다른 위치로 자리 변경

6. 대수선은 경, 마, 내, 기, 바, 보, 지, 주 증설 · 해체(숫자X), 증축과 비교, 수선 · 변경[숫자 : 내 · 기 · 보 · 지 · 마3↑ − 내 · 마30m²↑]

7. 면, 동 · 읍(섬 : 500인 미만) − 건축법 완화(건 · 용 · 높 제외)
   🔒 완화 : 대지, 도로, 건축선, 방화

18 용도변경

1. 다중(3층↓, 취사X), 다가구(3층↓, 취사), 다세대주택(4층↓, 660m²↓), 연립(4층↓, 660m² 초과)

2. 아파트 − 5개층↑

3. ~원(1종), 병원(의료), 장의사 · 동물병원(2종), 동 · 식물원(문화집회), 주유소(위험물), 어린이 · 야외(관광휴게), 다중생활시설(숙박), 오피스텔(업무)

4. 동 · 식물관련시설 : 축사, 재배사, 도축장

5. 운전학원(자동차), 무도학원(위락) : 교육연구시설X

6. 용도변경 하위순서 : 자, 산(묘.장), 전, 문(문화.위.관.종), 영(운.숙.판.다), 교(의사.노.교.수. 야영), 근, 주, 기 − 상위허가, 하위신고, 동일시설군변경신청
   🔒 변경신청제외 : 근린끼리, 동일용도군끼리
   🔒 100m²↑(허 · 신 : 사용승인),500m²↑(허 : 건축사설계)

19 건축허가

1. 허가대상 : 사전결정(7일, 2년)
   🔒 허가의제 : 개발행위, 전용(보전산지−도시), 하천점용
   🔒 특별 5년, 가설 · 공장 3년, 신고 · 연장 1년, 나머지 2년

2. 허가권자 : 시 · 군 · 구청장(공 · 창 제외, 3/10↑증축 포함 21층↑, 10만m²↑ : 특 · 광시장)

3. 도지사는 사전승인권자(허가권자X) : 자 · 수(3층↑ · 1000m²↑, 단독주택제외), 교 · 주 (층수X · 면적X, 위 · 숙)

4. 매도청구 : 시가, 3개월

5. 허가제한 : 2년, 1년(연장) − 국 · 장(허가권자)/시(구청장) · 도지사(시장 · 군수)

20 신고 · 가설 · 사용승인

1. 관농자, 대수선 – 연면적 200m² 미만이고 3층 미만
   🔒 주요구조부수선 : 층수X, 면적X

2. 신고 : 허가간주, 1년(실효), 1년(연장)

3. 85m² 이내 증 · 개 · 재축, 연면적 합계100m² · 높이3m↓(증축), 연합500m²↓ + 2층↓공장, 창200m²↓, 축400m²↓

4. 가설건축물 : 단단하지 않고 3(3층↓) 3 하며 새롭지 않고 분양 아닐 것

5. 가설건축물 존치기간 : 3년(허가 · 신고 · 연장)

6. 신고대상 : 10m²↓조, 야50m²↓, 비닐100m²↑

7. 사용승인 : 허가권자

8. 임시사용승인(2년) : 연장은 가능(기간제한X)

9. 안전영향평가 : 초고층, 10만m²↑ + 16층↑

10. 안전은 제일(1), 안전관리예치금 : 국 · 똘X

11. 구분지상권X : 단란주점 · 장의사 · 노래연습장 · 안마시술소 · 다중생활시설 · 오피스텔

21 구조안전

1. 구조안전 : 2층 · 연200m²↑, 목3층 · 500m²↑, 처9m · 기기10m · 높13m↑, 주택, 특수구조

2. 구조기술사 : 6층↑, 특수구조, 다중 · 준다중이용, 3층↑필로티

3. 범죄예방(X : 단독 · 다중 · 동식물원 · 연구소 · 도서관)

4. 옥상(5층↑) / 헬리포터(11층 + 바합10000m²)↑ / 승(6층 + 연2000m²)↑, 비31m 초과, 차면2m 이내

22 대지와 도로 · 건축선

1. 대지 : 도로면보다 높음(예외가능)

2. 대지조경 : 면적200m²↑(옥상2/3, 전체1/2↓)
   🔒 X : 녹관농자(지구제외), 축사 · 공장 · 물류(주 · 상제외), 염분, 가설

3. 공개공지(전용주거X, 전용 · 일반공업X) : 바합5천m²↑(농수산물 · 화물용 제외), 대지면적 100분의 10↓, 1.2배↓완화, 연간60일

4. 대지분할 : 주60, 상 · 공150, 녹200, 나60m² 미만

5. **도로**(예정도로 포함): **지정**(동의X가능), **폐지변경**(동의필요) – 건축위원회 심의

6. **4m↑ 도로에2m↑ 접함**(연합2000m²↑ – 6↑에4↑ 접함)
   🔒 공장 – 연합 3000m²↑, 축사 · 작물재배사X

7. **건축선**: **소요미달 · 가각전제**(대지면적X), **지정건축선**(대지면적포함)
   🔒 중심선1/2, 경계선 소요너비

8. **4.5m 이하**(건축선이탈X), **초과 · 지표하**(이탈가능)

23 면적과 높이 · 층수

1. **대지면적**: **수평투영면적**(소요너비미달 제외)

2. **건축면적**: **1m 이하, 외곽 중심선 수평투영면적**(원칙1, 한옥2, 사찰4, 이시대2, 축사3m↓후퇴)

3. **바닥면적**: **1m 후퇴, 중심선 수평투영면적**(필로티, 발코니⟨1.5m까지⟩, 다락⟨1,5/경사1.8m↓⟩, 일상사용시설, 착한일 제외)

4. **연면적**(용적률 제외): **지하층, 지상주차장, 고층피난구역, 경사 대피공간**
   🔒 층고: 바닥면윗면에서 바닥면윗면

5. **층수X**: **4m마다 1층**(건면1/8↓ · 12m↓ 제외)
   🔒 85m²↓공동주택: 건면1/6↓ · 12m↓제외

6. **일조권**: **전용 · 일반주거만**(9m 이하 – 1.5m↑ / 9m 초과 – 전체높이1/2↑)

7. **공동주택간 높이제한X**: **일반 · 중심상업, 2층(8m) 이하**
   🔒 높이: 원칙2배↓, 준주거 · 근린상업 4배↓

24 건축특칙 등

1. **특별건축구역지정**(국 · 장, 시 · 도지사), **예외** – 접도구역, 개발제한, 보전산지, 자연공원

2. **특별건축구역 지정해제**: 5년

3. **특별건축 통합지정**: 미술, 주차장, 공원

4. **건축협정**: **체결**(전원합의), **폐지**(과반수동의)

5. **결합건축**: **체결 · 폐지**(전원합의)

6. **이행강제금**: ① **허용건신순서** ② **문서계고, 1년2회, 주거용**(½감액), ③ **이미부과 징수**
   ④ **조례가중**(100/100)

7. **건축분쟁전문위원회**(국토부): **건축관계자 · 피해입은 인근주민 · 기술자간의 분쟁**(행정기관X)

주택법

25 주택법 용어정의

1. **주택**(부속토지 포함), **국민주택**은 85m² (예외 : 100m²) **이하 + 국가자금**

2. **세대구분형** : 구분소유×, ① **승인** : 전1/3↓ + 동1/3↓ ② **허가등** : 기존포함 2세대↓, 전1/10↓ + 동1/3↓

3. **도시형생활주택** : 300세대 미만(소형〈아・다・연〉, 단지형다세대・연립 : 5개층), **중복X**,
   🔒 소형(60m²↓) : 30m² 미만(1), 30m²↑(3개↓, 7m²↑, 1/3), 지하층X, 85m² 초과1채, 준주거・상업 : 도시형 아닌 것 추가

4. **준주택** : 오・기・다・노주택

5. **부대**(필요), **복리**(편리), **기간**(연결시 사용가능), **간선**(연결), **공공택지**(민간X, 환지X)

6. **주택단지분리** : 8m↑도, 20m↑일

7. **리모델링** : 10년(대수선), 15년[증축 – 15층 이상(3개층↓), 14층 이하(2개층↓)]
   🔒 리 – 증축(안전진단), 10년 단위수립

8. **공구**(300세대↑), **공구분할**(600세대↑)

26 등록사업자

1. **등록대상**(국, 똘제외) : **연간 20↑**(도생 : 30세대↑), **1만m²↑시행하려는 자 – 국・장등록**

2. **등록말소**(필) : **거짓, 대여**
   🔒 결격공통 : 미, 똘, 파. 유예, 2년(정벌100)

3. **공동사업주체**(간주) : **토지소유자, 주택조합**(리 – 세대수 증가시 포함), **고용자**(필)

27 주택조합

1. **조합** : **지역**(6개월↑)・**직장 – 무주택**, 85m² **이하 1채**, **리**(소유자), **직장국민주택**(무주택자만)

2. **인가, 신고**(직장 – 국민주택) : **설립, 변경, 해산**

3. **지역・직장설립요건** : **80%↑**(사용권) + **15%↑**(소유권)

4. **리**(전 + 동)**동의**(3분의2↑ + 과반수), **동**(3분의2↑), **사업허가동의**(75%↑ + 50%↑), **동**(75%↑)

5. **공동사업시** : **손해배상책임은 등록사업자**

6. **발기** : **50%↑**, 1차(신고, 공개모집), **재모집**(신고×, 선착순), **지역 1년↑ 거주**

7. **조합원수**: 예정세대수 **50%↑**(20인↑)

8. **신규가입**: **사망 · 자격상실**(충원), **탈퇴 · 예정세대변경**(50% 미만시 충원)
   🔒 자격기준(설립인가신청), 변경인가신청(사업계획승인신청일)

9. **발기인, 조합임원**: 결격사유O

10. **승인신청**(2년), 3년 이내 사업계획승인× 해산여부결정

28 사채 및 건설절차

1. **주택상환사채**: **토공 · 등록**(보증)**발행, 국 · 장승인, 기명**(채권 성명만 기재), **예외중도해약 가능**(전원이전 등), 상환 **3년 초과X**
   🔒 사채는 조합과 무관함

2. **사업계획승인**: 30↑[한옥: 50호↑, 도생(30m²↑ + 6m↑): 50세대↑], 1만m²↑ 시행하려는 자

3. **승인권자**: 10만m²↑(시 · 도, 대도시 시장), 10만m² 미만(시 · 군수), **국똘 · 장관지정고시**(국 · 장)

4. **대지확보**(원칙: 80%↑, 조합: 95%↑) **– 5% 미만**(전부매도청구, 시가, 3개월 합의), **5%↑**(10년 이후자에게만)
   🔒 사용검사후 매도청구(3/4↑동의, 송달2년, 구상)

5. **승인후 5년 공사X**[사유 없어진 날 1년 연장, 취소(임)]. 단, 2년(연장X, 취소X)
   🔒 연장사유: 소유권분쟁(소송진행 중)

6. **간선시설**: 100↑ · 16500m²↑, **사용검사일, 50%국가보조**

7. **사용검사**: 공구별, 동별까지[임시사용승인 – 대지조성(구획별), 주택건설(동별), 공동주택(세대별)]

29 주택공급 등

1. **마감재목록표**(영상물 등)는 **국 · 똘도 제출**

2. **마감재**: 2년↑보관, 같은질↑, 사전통지

3. **분양가상한제 제외**: **도시형생활주택 · 정비소규모주택 · 공공재개발사업**, 관광특구 50층↑ · 높이 150m↑, 경제자유구역(외자유치),

4. **분양가상한제**: **국 · 장지정**(우려포함, 임의적), 주정심, 구청장등 해제요청가능

5. **공급질서교란금지**: 상속, 저당제외(위반: 지위무효, 계약: 필요적 취소), **벌칙**(3년↓, 3000만원↓, 3배)

6. **저당권 등 설정제한**(신탁가능) : 입주자모집공고신청일부터 소유권이전등기 신청할 수 있는 날 이후 60일까지(입주예정자 동의X)

7. **부기등기**(동시) : 대지(입주자모집승인신청), **주택**(소유권보존등기)

8. **위반효력** : 무효, 벌칙(2년↓, 2000만원↓)

30 전매행위 제한

1. **투기과열지구** : 국·장/시·도지사, 국·장 재검토(반기)

2. **조정대상지역** : 국·장, 재검토(반기)
   🔒 공급심의 : 주정심

3. **투과, 조대 해제요청** : 구청장 등 가능

4. **전매대상** : 부기등기, 벌칙(3년↓, 3000만원↓, 3배)

5. **전매제한특례**(公동의) : **전원이주·이전**(국내외 불문 – 단 수도권 안에서 이전제외), 해외 2년↑체류, 이혼 배우자이전, 일부배우자증여, 경제적 어려움

농지법

31 농지법 용어 등

1. **농지제외** : 3년 미만, 임야, 초지, 조경목적

2. 1,000m²↑경작, 1년90일↑, 330m²↑(비닐), 대가축2두↑, 중가축10두↑, 소가축100두↑, 가금1,000수↑, 꿀벌 10군↑, 1년축산업·연간판매액 : 120↑

3. **농업법인**(1/3↑), **자경**(1/2↑), 농지법외특례X

4. **소유상한** : 상속·8년↑이농(10,000m² 이내) – 임대·무상사용 : 초과가능, 주말체험 1000m² 미만(세대원전원기준)
   🔒 상속(농지자격X), 주말체험(농지자격O, 계획서O)
   🔒 계(7일), 계X(4일), 농위(14일)

5. **농지처분** : 1년 이내(초과부분 한함 – 농업회사요건 안맞음 3개월 지남, 2년 목적사업착수X)
   🔒 6개월(처분명령) : 거짓, 처분기간지남, 법인위반

6. **이행강제금**(토지가액 25/100), 1년 1회

32 농지법 위탁경영 등

1. 위탁경영 · 임대차(국외여행3), 대리경작 : 3

2. 대리경작 : 기간X(따로 정X 3년), 수확량10%, · 2개월 내 지급, 사전고지, 공탁가능

3. 임대차(3년↑), 다년 · 비닐(5년↑), 징집 · 취학 · 선거 등(3년 미만)

4. 농업진흥지역지정(특별시 녹지제외) : 녹.관.농.자
   🔒 진흥구역(집단화), 보호구역(보호)
   🔒 보호구역행위제한(~미만) 관광2만 · 태양1만 · 주말3천

33 농지전용 등

1. 농지전용위임(시 · 도지사) : 안($3천m^2$↑-$3만m^2$ 미만) 밖($3만m^2$↑-$30만m^2$ 미만)

2. 전용허가 필요적 취소(명령위반)

3. 농지보전부담금 : 전용만 납부, 가산금(3/100)

4. 지정권자 등
   ① 읍 · 면장 : 농지취득자격증명, 등기×임대차확인, 농지위원회, 농지대장
   ② 시 · 군 · 구청장 : 농지처분명령, 이행강제금, 임대차종료명령, 대리경작지정, 농지전용신고, 일시사용허가 · 신고
   ③ 시 · 도지사 : 농업진흥지역지정
   ④ 농림축산식품부장관 : 농업진흥지역지정승인, 농지전용허가, 농지전용협의, 독촉장 · 가산금

도시개발법

34 개발계획수립 및 지정

1. 지정 후 계획수립 : 주 · 상 · 공, 생산녹지의 면적합계 100분의 30 이하, 자녹, 관, 농, 자

2. 도시개발구역 지정규모 : 공업 $3만m^2$↑, 나머지$1만m^2$↑(보전녹지×)

3. 국 · 장에게 요청($30만m^2$↑) : 지방공사X
   🔒 지방공사 : 공공기관(~공사)×, 정부출연기관(~공단)×

4. 공람기간 후 공청회($100만m^2$↑), 국 · 장협의($50만m^2$↑)

5. 개발행위허가 : 죽목벌채 및 식재 포함(관상용 식재허가X, 경작지 임시식재허가O)
   🔒 건(대수선포함),물,토,토,토,죽 /재해복구(신고X)

6. **지정해제**(다음 날)﹕ 개발계획 2년, 실시계획 3년, 330만m² ↑ 5년

7. **시행자변경**﹕ 2년 이내 사업착수X, 전부환지 1년 인가신청X, 취소, 파산

35 도시개발조합 등

1. **토지소유자**(국·공유지포함) 7인↑﹕ 조합설립 인가(사·공 변경﹕ 신고)
   🔒 강제가입, 설립인가신청 전 철회

2. **의결권은 면적 관계없이 평등**(수인﹕ 1인의결권)

3. **조합임원**﹕ 겸직금지, 결격사유

4. **조합장·이사의 자기를 위한 조합과의 계약 조합대표**﹕ 감사

5. **조합원 50인↑ 대의원회**(임의적)

6. **대의원회 대행 불가능**﹕ 정관변경, 임원선임, 합병·해산, 개발계획수립

7. **실시계획**﹕ 지구단위계획 포함
   🔒 변경인가X﹕ 10(면적감소·사업비증감)

8. **시행방식**﹕ 수용·사용(집단), 환지(효용·지가), 혼용

9. **방식변경**﹕ 공공은 수용 ⇨ 환지·혼용 ⇨ 환지, 조합제외 시행자는 수용 ⇨ 혼용

10. **선수금승인**(전부&일부)﹕ 100분의 10 이상(공﹕ 면적, 민﹕ 공사진척률)

36 도시개발구역사업

1. **원형지공급대상**(면적 1/3 이내, 완료5·계약10)

2. **조성토지**﹕ 경쟁입찰, 추첨(공장·공공 330단독·국민·면적초과), 수의계약(2회↑유찰)
   🔒 착한사람 감정가격 이하

3. **체비지**(경비충당)**는 보류지에 포함된다.**

4. **환지계획 기준**﹕ 국토교통부령

5. **건축물로 대체하는 입체환지**(신청, 30 – 60)

6. **작은토지**(증환지 또는 환지대상 제외), **넓은토지**(감환지), **환지부지정**(동의필요)

7. **환지예정지지정**﹕ 등기X, 원칙처분X, 체비지처분O
   🔒 처분체비지(등기마친 때 취득)

8. **취득·확정**﹕ 다음 날, 소멸﹕ 끝나는 날

9. **청산금**(분할징수·교부), **소멸시효**﹕ 5년

37 채권비교

1. 도시개발채권 발행권자 : 시 · 도지사
2. 도시개발채권은 행정안전부장관 승인
3. 도시개발채권 소멸시효 : 원금 5년, 이자 2년
4. 도시개발채권 상환기간(5-10년), 필증보관(5년)
5. 토지상환채권(일부지급) 발행권자는 모든 시행자, 보증, 기명증권(채권에 주소 · 성명기재), 지정권자승인
6. 토지상환채권 발행규모 면적 1/2 초과X

도시 및 주거환경정비법

38 정비법용어 및 지정

1. 주거환경개선(극히열악 · 과도밀집), 재개발(열악 · 밀집), 재건축(양호 · 밀집)
2. 공원, 광장, 주차장은 정비기반시설
3. 마을회관 · 탁아소 · 어린이집은 공동이용시설, 유치원×
4. 토지등소유자 : 주거환경개선 · 재개발 – 지상권자○, 재건축 – 지상권자×
5. 안전진단은 재건축에서만 실시, 1/10↑동의
6. 행위제한 : 건(대X),물,토,토,토,죽 / 재해복구(신고X)
   🔒 기득권보호 : 30일 이내 신고(개발법 · 정비법)
7. 정비구역해제(다음 날X) : 추진(2년), 추진X(3년), 토지소유자시행(5년)

39 시행방법 및 조합

1. 시행방법 : 주거환경개선은 혼용도 가능, 재개발은 관리처분 · 환지, 재건축은 관리처분(오피스텔, 30/100 이하)
2. 조합은 재개발과 재건축에서만 나온다.
   🔒 재개발 : 토지소유자 시행, 신탁 · 부동산원 공동시행, 20인 미만시 조합X
3. 조합설립은 토지소유자등 과반수동의 : 5명↑ 추진위원회(이사×, 결격있음 – 벌금존재)

4. **인가**: **재개발**(면적1/2↑ + 소유자3/4↑), **재건축 - 단지 내**(면적3/4↑ + 소유자3/4↑),
   단지 외(면적2/3↑ + 소유자3/4↑)
   🔒 재건축(단지 내): 동 과반수, 재건축(단지 내)·재개발: 총회조합원 2/3↑찬성

5. **조합원 양도X**(투기과열지구): **재건축**(조합설립인가 후), **재개발**(관리처분인가 후)

6. **조합장만 대의원**(그외 임원은 대의원×)

7. **조합원 100명↑ 대의원회**(필요적)
   🔒 주민대표회의(과반수동의, 상가세입자 의견포함)

40 관리처분계획 등

1. **경미신고**(10% 범위)

2. **교육감 등 협의**: 200m 이내

3. **순환**(3개사업), **임시거주설치**(주거·재개발사업)

4. **재개발사업**: 정비사업비 20/100범위 예치

5. **공급기준**: 2주택(60m²↓), 3주택(과밀억제권역)

6. **주거환경개선사업**: 국민주택채권매입규정 적용X

7. **분양신청기간**(통지한 날 30일↑ 60일 이내)

8. **등기촉탁**: 지체없이 🔒 도개법 > 14일

9. **정비구역해제**(다음 날, 조합영향X) 취득: ~다음 날

10. **청산금**: 분할징수·교부·강제징수·위탁(4/100)·물상대위, 소멸시효: 다음 날부터 5년

11. **공공재개발**
    ① 2년 다음 날(예정구역해제)·1년 다음 날(구역해제), 1년 연장
    ② 법적상한초과용적률 120/100
    ③ 20/100 - 50/100(용 - 용)

12. **공공재건축**
    ① 40/100 - 70/100(용 - 용)
    ② 50/100(감정평가액)

부동산공법
100제

01 국토의 계획 및 이용에 관한 법령상의 용어에 관한 설명으로 옳은 것은?

① 도시·군기본계획은 특별시·광역시·특별자치시·특별자치도·시 또는 군(광역
시의 관할구역에 있는 군은 포함)의 관할구역에 대하여 기본적인 공간구조와 장기
발전방향을 제시하는 종합계획을 말한다.

② 도시·군관리계획을 시행하기 위한 도시개발법에 따른 개발사업은 도시·군계획
사업에 포함되지 않는다.

③ 기반시설의 설치·정비 또는 개량에 관한 계획은 도시·군관리계획으로 결정한다.

④ 성장관리계획이란 지구단위구역에서의 난개발을 방지하고 계획적인 개발을 유도
하기 위하여 수립하는 계획을 말한다.

⑤ 지구단위계획은 도시·군계획수립 대상지역의 일부에 대하여 토지이용을 합리화
하고, 해당 지역을 체계적·계획적으로 관리하기 위하여 수립하는 도시·군기본
계획이다.

02 국토의 계획 및 이용에 관한 법령상 광역도시계획에 관한 설명으로 옳은 것은?

① 광역계획권이 둘 이상의 시·도의 관할구역에 걸쳐 있는 경우에는 관할 도지사가
공동으로 광역계획권을 지정하여야 한다.

② 국토교통부장관은 광역도시계획을 수립하려는 경우 주민공청회는 생략할지라도
관계 전문가에게는 의견을 들어야 한다.

③ 국가계획과 관련된 광역도시계획의 수립이 필요한 경우 국토교통부장관이 광역도
시계획을 수립한다.

④ 광역계획권이 둘 이상의 시·도의 관할구역에 걸쳐 있는 경우에는 국토교통부장
관이 광역도시계획을 수립한다.

⑤ 도지사가 시장·군수의 조정신청을 받아 광역도시계획의 내용을 조정하는 경우
중앙도시계획위원회의 심의를 거쳐야 한다.

03 국토의 계획 및 이용에 관한 법령상 도시·군기본계획에 관한 설명으로 옳은 것은?

① 시장 또는 군수는 도시·군기본계획의 수립에 필요한 사항으로서 해당 지역의 기후·지형 등 자연적 여건과 기반시설 등에 대하여 조사하거나 측량하여야 한다.

② 시장 또는 군수는 지역여건상 필요하다고 인정되면 인접한 시 또는 군의 시장 또는 군수와 협의를 거친 후 그 인접한 시 또는 군의 관할구역 일부가 아닌 전부를 포함하는 도시·군기본계획을 수립할 수 없다.

③ 특별시장·광역시장이 수립한 도시·군기본계획의 승인은 국토교통부장관이 하고, 시장·군수가 수립한 도시· 군기본계획의 승인은 도지사가 한다.

④ 「수도권정비계획법」에 의한 수도권에 속하지 아니하고 광역시와 경계를 같이 하지 않은 인구 9만명인 시 또는 군은 도시·군기본계획을 수립하지 아니하여야 한다.

⑤ 국토교통부장관은 5년마다 관할구역의 도시·군기본계획에 대하여 그 타당성 여부를 전반적으로 재검토하여 정비하여야 한다.

04 국토의 계획 및 이용에 관한 법령상 도시·군관리계획에 관한 설명으로 옳은 것은?

① 도시·군관리계획의 입안을 제안받은 자는 제안자와 협의하여 제안된 도시·군관리계획의 입안 및 결정에 필요한 비용의 전부 또는 일부를 제안자에게 부담시켜야 한다.

② 국토교통부장관은 관계 중앙행정기관의 장의 요청이 없어도 국가안전보장상 기밀을 지켜야 할 필요가 있다고 인정되면 중앙도시계획위원회의 심의를 거치지 않고 도시·군관리계획을 결정할 수 있다.

③ 도시·군기본계획 입안일부터 5년 이내에 토지적성평가를 실시한 경우 등 대통령령으로 정하는 경우에는 토지적성평가를 하지 아니할 수 있다.

④ 주민이 입안을 제안하고자 하는 경우 기반시설의 설치에 관한 사항은 대상 토지 면적의 3분의 2 이상의 동의를 받아야 한다.

⑤ 도시·군관리계획의 입안의 제안을 받은 자는 그 처리결과를 제안자에게 제안일부터 30일 이내에 도시·군관리계획 입안에의 반영 여부를 통보하여야 한다.

05 국토의 계획 및 이용에 관한 법령상 도시·군계획에 관한 설명으로 틀린 것은?

① 도시·군기본계획에는 경관에 관한 사항에 대한 정책방향이 포함되어야 한다.

② 도시·군계획은 특별시·광역시·특별자치시·특별자치도·시 또는 군(광역시의 관할구역에 있는 군은 제외)의 관할구역에 대하여 수립하는 공간구조와 발전방향에 대한 계획으로서 도시·군기본계획과 도시·군관리계획으로 구분한다.

③ 개발제한구역의 지정에 관한 도시·군관리계획결정 당시 이미 사업에 착수한 자는 도시·군관리계획 결정에 관계없이 그 사업을 계속할 수 있다.

④ 지구단위계획구역 안의 나대지 면적이 구역면적의 2%에 미달하는 경우에는 도시·군관리계획에서 기초조사, 환경성 검토, 토지적성평가 또는 재해취약성분석을 하지 아니할 수 있다.

⑤ 도시·군관리계획이 광역도시계획 또는 도시·군기본계획에 부합되지 않으면 당연무효가 된다.

06 국토의 계획 및 이용에 관한 법령상 용도지역에 관한 설명으로 옳은 것은?

① 관리지역에서 「농지법」에 따른 농업진흥지역으로 지정·고시된 지역은 이 법에 따른 농림지역으로 결정·고시된 것으로 본다.

② 도시지역으로의 편입이 예상되는 지역이나 자연환경을 고려하여 제한적인 이용·개발을 하려는 지역으로서 계획적·체계적인 관리가 필요한 지역은 도시지역 중 자연녹지지역에 해당한다.

③ 제2종 전용주거지역이란 공동주택 중심의 편리한 주거환경을 보호하기 위하여 필요한 지역을 말한다.

④ 「항만법」에 따른 항만구역으로서 관리지역에 연접한 공유수면은 도시지역으로 결정·고시된 것으로 본다.

⑤ 「산업입지 및 개발에 관한 법률」에 따른 국가산업단지, 농공단지 및 도시첨단산업단지는 도시지역으로 결정·고시된 것으로 본다.

07 국토의 계획 및 이용에 관한 법령상 용도지구에 관한 설명으로 옳은 것은?

① 주거기능, 공업기능, 유통·물류기능 및 관광·휴양기능 외의 기능을 중심으로 특정한 목적을 위하여 개발·정비할 필요가 있는 용도지구는 복합개발진흥지구이다.

② 보호지구는 특화보호지구, 중요시설물보호지구, 생태계보호지구로 세분화 된다.

③ 시·도지사는 법률에서 정하고 있는 용도지구 외에 새로운 용도지구를 신설할 수 없다.

④ 고도지구에서는 도시·군계획조례로 정하는 높이를 초과하는 건축물을 건축할 수 없다.

⑤ 개발제한구역 안에서만 지정할 수 있는 용도지구는 집단취락지구이다.

08 국토의 계획 및 이용에 관한 법령상 도시지역 중 건폐율의 최대한도가 낮은 지역부터 높은 지역 순으로 옳게 나열한 것은? (단, 조례 등 기타 강화·완화조건은 고려하지 않음)

① 일반상업지역 – 준공업지역 – 제2종 일반주거지역

② 보전녹지지역 – 유통상업지역 – 준공업지역

③ 생산녹지지역 – 근린상업지역 – 유통상업지역

④ 전용공업지역 – 중심상업지역 – 제1종 전용주거지역

⑤ 자연녹지지역 – 일반상업지역 – 준주거지역

09 A시에 甲이 소유하고 있는 1,000제곱미터의 대지는 제1종 일반주거지역에 800제곱미터, 제3종 일반주거지역에 200제곱미터씩 걸쳐 있다. 甲이 대지 위에 건축할 수 있는 최대 연면적이 2,100제곱미터일 때, A시 조례에서 정하고 있는 제1종 일반주거지역의 용적률로 옳은 것은? (단, 조례상 제3종 일반주거지역의 용적률은 250퍼센트이며, 그 밖에 건축제한은 고려하지 않음)

① 100퍼센트   ② 120퍼센트   ③ 150퍼센트

④ 180퍼센트   ⑤ 200퍼센트

10 A시에 소재하고 있는 甲의 대지는 1,200제곱미터로 그림과 같이 준주거지역과 일반상업지역에 걸쳐 있으면서, 도로변에 띠 모양으로 지정된 일반상업지역으로 지정되어 있다. 甲이 대지 위에 하나의 건축물을 건축하고자 할 때, 건축할 수 있는 건축물의 최대 연면적은? (단, A시의 도시·군계획조례상 일반상업지역 용적률은 800%, 건폐율은 80%이며, 준주거지역의 용적률은 500%, 건폐율은 60%이고, 이외의 기타 건축제한은 고려하지 않음)

준주거지역 800제곱미터
일반상업지역 400제곱미터
도로

① 3,500제곱미터 ② 4,000제곱미터
③ 4,800제곱미터 ④ 6,000제곱미터
⑤ 7,200제곱미터

11 국토의 계획 및 이용에 관한 법령상 자연취락지구에 건축할 수 있는 건축물이 <u>아닌</u> 것은?
① 노래연습장 ② 도축장
③ 동물병원 ④ 동물화장시설
⑤ 교도소

12 국토의 계획 및 이용에 관한 법령상 용도구역에 관한 설명으로 옳은 것은?
① 시장·군수는 도시·군기본계획에 따른 도심·부도심 또는 생활권의 중심지역과 그 주변지역의 전부 또는 일부를 도시·군관리계획으로 입지규제최소구역으로 지정하여야 한다.
② 시가화조정구역의 지정에 관한 도시·군관리계획의 결정은 시가화유보기간이 만료된 날부터 그 효력을 상실한다.
③ 국방과 관련하여 보안상 도시개발을 제한할 필요가 있을 경우 도시·군관리계획에 의해 개발제한구역을 지정할 수 있다.
④ 시·도지사는 수산자원보호구역의 변경을 도시·군관리계획으로 결정할 수 있다.
⑤ 용도구역이란 토지의 이용 및 건축물의 용도·건폐율·용적률·높이 등에 대한 용도지역 및 용도지구의 제한을 강화하거나 완화하여 따로 정함으로써 시가지의 무질서한 확산방지를 위하여 도시·군기본계획으로 결정하는 지역을 말한다.

13 국토의 계획 및 이용에 관한 법령상 시가화조정구역에서는 도시·군계획사업의 경우 외 허가를 받아 행위를 할 수 <u>없는</u> 것은?

① 농업·임업 또는 어업을 영위하는 자가 농업·임업 또는 어업용의 건축물의 건축
② 마을공동시설의 설치
③ 기존 건축물의 동일한 용도 및 규모 안에서의 대수선
④ 공익시설의 설치
⑤ 종교시설의 신축

14 국토의 계획 및 이용에 관한 법령상 용도지역·용도지구·용도구역에 관한 설명으로 옳은 것은?

① 용도지역이란 토지의 이용 및 건축물의 용도, 건폐율, 용적률, 높이 등을 제한함으로써 토지를 경제적·효율적으로 이용하고 공공복리의 증진을 도모하기 위하여 서로 중복되게 도시·군관리계획으로 결정하는 지역을 말한다.
② 시·도지사 또는 대도시 시장은 일반주거지역·일반공업지역·계획관리지역에 복합용도지구를 지정할 수 있다.
③ 「도로법」에 따른 접도구역의 법률 규정은 도시지역에도 적용한다.
④ 하나의 건축물이 방화지구와 그 밖의 용도지역 등에 걸쳐 있는 경우에는 그 전부에 대하여 방화지구의 건축물과 대지에 관한 규정을 적용한다.
⑤ 시·도지사 또는 대도시 시장은 연안침식이 진행 중이거나 우려되는 지역에 대해서는 방재지구의 지정 또는 변경을 도시·군계획조례로 결정하여야 한다.

15 국토의 계획 및 이용에 관한 법령상 지구단위계획에 관한 설명으로 옳은 것은?

① 국토교통부장관, 시·도지사, 시장 또는 군수는 도시지역 내 녹지지역에서 주거지역으로 변경되는 체계적·계획적인 관리가 필요한 지역으로서 그 면적이 40만제곱미터인 지역은 지구단위계획구역으로 지정하여야 한다.
② 용도지역을 변경하는 지구단위계획에는 건축물의 용도제한은 반드시 포함될 대상은 아니다.
③ 도시지역 내에 지정하는 지구단위계획구역에 대해서는 당해 지역에 적용되는 건폐율의 150퍼센트 및 용적률의 200퍼센트 이내에서 강화하여 적용할 수 있다.
④ 주민은 시장 또는 군수에게 지구단위계획구역의 지정에 관한 사항에 대하여 도시·군관리계획의 입안을 제안할 수 없다.
⑤ 지구단위계획구역의 지정에 관한 도시·군관리계획결정의 고시일부터 3년 이내에 그 지구단위계획이 결정·고시되지 아니하면 그 3년이 되는 날에 그 지구단위계획구역의 지정에 관한 도시·군관리계획결정은 효력을 잃는다.

16 국토의 계획 및 이용에 관한 법령상 도시지역 내 지구단위계획구역 지정시 재량적 지정 대상지역에 해당하지 <u>않는</u> 지역은?

① 「도시개발법」에 따라 지정된 도시개발구역
② 「주택법」에 따른 대지조성사업지구
③ 개발제한구역에서 해제되는 구역
④ 공업지역에서 녹지지역으로 변경되는 구역
⑤ 용도지구

17 국토의 계획 및 이용에 관한 법령상 기반시설에 관한 설명으로 옳은 것은?

① 하수도, 폐차장, 폐기물처리 및 재활용 시설, 빗물저장시설, 도축장은 환경기초시설에 해당한다.
② 광역시설의 설치 및 관리는 공동구의 설치·관리에 따른다.
③ 도로를 세분하면 보행자전용도로, 자전거전용도로, 보행자우선도로, 고속도로, 고가도로, 지하도로이다.
④ 국가계획으로 설치하는 광역시설은 그 광역시설의 설치·관리를 사업목적 또는 사업종목으로 하여 다른 법률에 따라 설립된 법인이 설치·관리할 수 있다.
⑤ 도시·군계획시설이란 기반시설 중 도시·군기본계획으로 결정된 시설을 말한다.

18 국토의 계획 및 이용에 관한 법령상 공동구에 관한 설명으로 옳은 것은?

① 도청이전을 위한 도시건설 및 지원에 관한 특별법에 따른 도청이전 신도시는 공동구설치대상지역에 해당하지 않는다.
② 200만제곱미터인 경우에는 해당 지역 등에서 개발사업을 시행하는 자는 공동구를 설치하여야 한다.
③ 공동구관리자는 1년에 2회 이상 공동구의 안전점검을 실시하여야 하며, 안전점검 결과 이상이 있다고 인정되는 때에는 지체 없이 정밀안전진단·보수·보강 등 필요한 조치를 하여야 한다.
④ 사업시행자는 공동구의 설치공사를 완료한 때에는 지체 없이 공동구 점용예정자에게 개별적으로 통지하여야 한다.
⑤ 공동구관리자는 10년마다 해당 공동구의 안전 및 유지관리계획을 대통령령으로 정하는 바에 따라 수립·시행하여야 한다.

19 국토의 계획 및 이용에 관한 법령상 도시·군계획시설사업에 관한 설명으로 옳은 것은?

① 단계별 집행계획은 제1단계 집행계획과 제2단계 집행계획으로 구분하여 수립하되, 3년 이내에 시행하는 도시·군계획시설사업은 제1단계 집행계획에, 3년 후에 시행하는 도시·군계획시설사업은 제2단계 집행계획에 포함될 수 없다.

② 행정청인 도시·군계획시설사업의 시행자가 도시·군계획시설사업에 의하여 새로 공공시설을 설치한 경우 새로 설치된 공공시설은 그 시설을 관리할 관리청에 무상으로 귀속된다.

③ 개발행위로 인하여 주변의 환경·경관·미관·문화재 등이 크게 오염되거나 손상될 우려가 있는 지역은 최대 5년간 제한이 허용된다.

④ 「한국전력공사법」에 따른 한국전력공사는 도시·군계획시설사업의 시행자가 될 수 없다.

⑤ 도시·군계획시설결정의 고시일부터 5년이 지날 때까지 그 시설의 설치에 관한 사업이 시행되지 아니한 도시·군계획시설 중 단계별 집행계획이 수립되지 아니한 도시·군계획시설의 부지에 대하여는 가설건축물의 건축을 허가할 수 있다.

20 국토의 계획 및 이용에 관한 법령상 도시·군계획시설사업 중 사업시행자 보호조치에 관한 설명으로 틀린 것은?

① 도시·군계획에 관한 기초조사, 개발밀도관리구역에 관한 기초조사, 도시·군관리계획시설사업에 관한 측량, 지가의 동향에 관한 조사를 위하여 시행자가 타인의 토지에 출입이 가능하다.

② 시행자는 사업시행을 위하여 특히 필요하다고 인정되면 도시·군계획시설에 인접한 토지 등을 일시 사용할 수 있다.

③ 도시·군계획시설사업의 시행자는 이해관계인에게 서류를 송달할 필요가 있으나 이해관계인의 주소 또는 거소가 불분명하거나 그 밖의 사유로 서류를 송달할 수 없는 경우에는 그 서류의 송달을 갈음하여 그 내용을 공시할 수 있다.

④ 도시·군계획시설사업의 시행자가 비행정청인 경우 시행자의 처분에 대해서는 행정심판을 제기할 수 있다.

⑤ 재결 신청은 「공익사업을 위한 토지 등의 취득 및 보상에 관한 법률」에도 불구하고 실시계획에서 정한 도시·군계획시설사업의 시행기간에 하여야 한다.

21 甲소유의 토지는 경기도 A시에 소재한 지목이 대(垈)인 토지로서 한국토지주택공사를 사업시행자로 하는 도시·군계획시설 부지이다. 甲의 토지에 대해 국토의 계획 및 이용에 관한 법령상 도시·군계획시설 부지의 매수청구권이 인정되는 경우, 이에 관한 설명으로 옳은 것은? (단, 도시·군계획시설의 설치의무자는 사업시행자이며, 조례는 고려하지 않음)

① 토지 소유자 甲은 한국토지주택공사에게 매수를 청구할 수 없다.

② 甲이 매수청구를 할 수 있는 대상은 토지이며, 그 토지에 있는 건축물은 포함되지 않는다.

③ 매수의무자는 매수청구를 받은 날부터 6개월 이내에 매수여부를 결정하여 甲에게 알려야 한다.

④ 甲이 원하는 경우 매수의무자는 도시·군계획시설채권을 발행하여 그 대금을 지급할 수 있다.

⑤ 매수청구에 대해 매수의무자가 매수하지 아니하기로 결정한 경우 甲은 자신의 토지에 3층의 다세대주택을 건축할 수 있다.

22 국토의 계획 및 이용에 관한 법령상 도시·군계획시설채권에 관한 설명으로 옳은 것은?

① 부재부동산 소유자의 토지 또는 비업무용 토지로서 매수대금이 2천만원을 초과하여 그 초과하는 금액을 지급하는 경우 도시·군계획시설채권을 발행하여 지급할 수 있다.

② 도시·군계획시설채권의 상환기간은 5년 이상 10년 이내로 한다.

③ 토지 소유자가 원하는 경우에 한하여 매수의무자가 지방자치단체인 경우에는 도시·군계획시설채권을 발행하여 지급할 수 있다.

④ 매수하기로 결정한 토지는 매수 결정을 알린 날부터 3년 이내에 매수하여야 한다.

⑤ 도시·군계획시설채권은 무기명채권에 해당한다.

23 국토의 계획 및 이용에 관한 법령상 개발행위에 관한 설명으로 옳은 것은?

① 경작을 위한 전·답 사이의 지목변경을 수반하는 토지의 형질변경은 허가를 받아야 한다.

② 토지 분할에 대해 개발행위허가를 받은 자가 그 개발행위를 마치면 관할 행정청의 준공검사를 받아야 한다.

③ 재해복구 또는 재난수습을 위한 응급조치는 1개월 이내 개발행위허가를 신청하여야 한다.

④ 토지의 일부를 공공용지로 하기 위해 토지를 분할하는 경우에는 개발행위허가를 받아야 한다.

⑤ 사업시간을 단축하는 경우에는 지체 없이 그 사실을 특별시장·광역시장·특별자치시장·특별자치도지사·시장 또는 군수에게 통지하여야 한다.

24 국토의 계획 및 이용에 관한 법령상 개발밀도관리구역에 관한 설명으로 옳은 것은?

① 개발밀도관리구역에 대하여는 기반시설의 변화가 있는 경우, 이를 즉시 검토하여 그 구역의 해제 등 필요한 조치를 취하여야 한다.

② 특별시장·광역시장·특별자치시장·특별자치도지사·시장 또는 군수는 개발밀도관리구역을 지정하거나 변경하려면 주민의 의견청취를 거쳐 해당 지방자치단체에 설치된 지방도시계획위원회의 심의를 거쳐야 한다.

③ 개발밀도관리구역에서는 당해 용도지역에 적용되는 용적률의 최대한도의 50퍼센트 범위에서 용적률을 완화하여 적용한다.

④ 개발밀도관리구역의 지정기준, 관리 등에 관하여 필요한 사항은 종합적으로 고려하여 시·도지사가 정한다.

⑤ 개발밀도관리구역을 지정하거나 변경한 경우에는 그 사실을 해당 지방자치단체의 공보에 게재하여 고시하고, 그 내용을 인터넷 홈페이지에 게재하여야 한다.

25 **국토의 계획 및 이용에 관한 법령상 기반시설부담구역에 관한 설명으로 옳은 것은?**

① 기반시설부담구역은 개발밀도관리구역과 중복하여 지정할 수 있다.

② 기반시설부담구역의 지정·고시일부터 1년이 되는 날까지 기반설치계획을 수립하지 아니하면 그 1년이 되는 날에 기반시설부담구역의 지정은 해제된 것으로 본다.

③ 기반시설설치비용은 현금, 신용카드 또는 직불카드로 납부하도록 하되, 부과대상토지 및 이와 비슷한 토지로 하는 납부를 인정할 수 있다.

④ 기반시설부담구역에서 기반시설설치비용의 부과대상인 건축행위는 200제곱미터인 건축물의 신축·증축행위로 한다.

⑤ 전전년도 개발행위허가 건수가 100건이었으나, 전년도 개발행위허가 건수가 115건으로 증가한 지역은 기반시설부담구역으로 지정하여야 한다.

26 **국토의 계획 및 이용에 관한 법령상 다음 설명 중 틀린 것은?**

① 광역계획권을 지정한 날부터 3년이 지날 때까지 관할 시장 또는 군수로부터 광역도시계획의 승인 신청이 없는 경우에는 관할 도지사가 수립하여야 한다.

② 국토교통부장관, 시·도지사, 시장 또는 군수는 도시·군관리계획을 조속히 입안하여야 할 필요가 있다고 인정되면 광역도시계획이나 도시·군기본계획을 수립할 때에 도시·군관리계획을 함께 입안할 수 있다.

③ 국가나 지방자치단체는 자연취락지구 안의 주민의 생활 편익과 복지 증진 등을 위하여 도로·수도공급설비·하수도 등의 정비사업을 시행하거나 그 사업을 지원할 수 있다.

④ 도시·군관리계획결정을 고시한 경우에는 국·공유지로서 도시·군계획시설사업에 필요한 토지는 그 도시·군관리계획으로 정하여진 목적 외의 목적으로 매각하거나 양도할 수 없다. 이를 위반한 행위는 취소하여야 한다.

⑤ 도시·군계획시설결정이 고시된 도시·군계획시설에 대하여 그 고시일부터 20년이 지날 때까지 그 시설의 설치에 관한 도시·군계획시설사업이 시행되지 아니하는 경우 그 도시·군계획시설결정은 그 고시일부터 20년이 되는 날의 다음 날에 그 효력을 잃는다.

27 **국토의 계획 및 이용에 관한 법령상 다음 설명 중 옳은 것은?**

① 지구단위계획구역에서 건축물을 건축 또는 용도변경하거나 공작물을 설치하려면 그 지구단위계획에 맞게 하여야 한다.

② 도시의 지속가능성 및 생활인프라 수준의 최종평가 주체는 시·도지사이다.

③ 체육시설·연구시설·사회복지시설은 반드시 미리 도시·군관리계획으로 결정하고 설치하여야 한다.

④ 매수 청구된 토지의 매수가격·매수절차 등에 관하여 이 법에 특별한 규정이 있는 경우 외에는 공시지가를 적용한다.

⑤ 국토교통부장관은 시·도지사가 요청하는 경우에는 시·도지사와 공동으로 광역도시계획을 수립할 수 있으며, 시·도지사가 협의를 거쳐 요청하는 경우에는 단독으로 광역도시계획을 수립할 수 있다.

28 **국토의 계획 및 이용에 관한 법령상 다음 설명 중 틀린 것은?**

① 광역도시계획인 경우 국토교통부장관, 시·도지사, 시장 또는 군수가 기초조사정보체계를 구축한 경우에는 등록된 정보의 현황을 5년마다 확인하고 변동사항을 반영하여야 한다.

② 용도지구를 폐지하고 그 용도지구에서의 행위 제한 등을 지구단위계획으로 대체하려는 지역은 지구단위구역으로 지정할 수 있다.

③ 광장은 교통광장, 일반광장, 경관광장, 지하광장, 건축물부설광장으로 세분화 된다.

④ 시행자(국토교통부장관, 시·도지사와 대도시 시장은 제외)는 도시·군계획시설사업의 공사를 마친 때에는 국토교통부령으로 정하는 바에 따라 공사완료보고서를 작성하여 시·도지사나 대도시 시장의 준공검사를 받아야 한다.

⑤ 시장(대도시 시장은 포함)이나 군수는 지형도면(지구단위계획구역의 지정·변경과 지구단위계획의 수립·변경은 포함)을 작성하면 도지사의 승인을 받아야 한다. 이 경우 도지사는 30일 이내에 그 지형도면을 승인하여야 한다.

29 국토의 계획 및 이용에 관한 법령상 다음 설명 중 틀린 것은?

① 개발행위허가를 받은 부지면적을 5퍼센트 확장하는 경우에는 별도의 변경허가를 받지 않아도 된다.

② 자연취락지구안에서 건축할 수 있는 건축물은 4층 이하의 건축물에 한한다.

③ 기반시설의 설치나 그에 필요한 용지의 확보, 위해 방지, 환경오염 방지, 경관 조성, 조경 등을 위하여 필요하다고 인정되는 경우에는 그 이행을 담보하기 위하여 모든 시행자에게 이행보증금을 예치하게 할 수 있다.

④ 도시·군계획시설결정의 해제를 권고받은 특별시장·광역시장·특별자치시장·특별자치도지사·시장 또는 군수는 특별한 사유가 없으면 신청을 받은 날부터 1년 이내에 해당 도시·군계획시설의 해제를 위한 도시·군관리계획결정을 하여야 한다.

⑤ 국토교통부장관, 시·도지사, 시장·군수 또는 구청장은 개발행위허가의 취소, 도시·군계획시설사업의 시행자 지정의 취소, 실시계획인가의 취소에 해당하는 처분을 하려면 청문을 하여야 한다.

30 국토의 계획 및 이용에 관한 법령상 다음 설명 중 옳은 것은?

① 광역도시계획이 승인된 경우 국토교통부장관은 그 내용을 관보에 게재하여 공고하고 일반인이 관계 서류를 30일 이상 열람할 수 있도록 하여야 한다.

② 전용주거지역, 일반주거지역, 준주거지역, 중심상업지역, 일반상업지역, 근린상업지역, 준공업지역에서는 아파트 건축이 가능하다.

③ 공동구의 관리에 소요되는 비용은 그 공동구를 점용하는 자가 함께 부담하되, 부담비율은 점용면적을 고려하여 공동구관리자가 정한다.

④ 도시·군계획시설결정의 고시일부터 10년 이내에 그 도시·군계획시설의 설치에 관한 도시·군계획시설사업이 시행되지 아니하는 경우(실시계획의 인가나 그에 상당하는 절차가 진행된 경우는 제외) 그 도시·군계획시설의 부지로 되어 있는 토지 중 지목이 대인 토지(건축물 및 정착물 포함)의 소유자는 특별시장·광역시장·특별자치시장·특별자치도지사·시장 또는 군수에게 그 토지의 매수를 청구하여야 한다.

⑤ 지구단위계획구역의 지정에 관한 도시·군관리계획결정의 고시일부터 5년 이내에 그 지구단위계획이 결정·고시되지 아니하면 그 5년이 되는 날의 다음 날에 그 지구단위계획구역의 지정에 관한 도시·군관리계획결정은 효력을 잃는다.

31 건축법령상 용어에 관한 설명으로 옳은 것은?

① 지하층은 건축물의 바닥이 지표면 아래에 있는 층으로서 바닥에서 지표면까지 평균높이가 해당 층 높이의 3분의 1 이상인 것을 말한다.

② 관광휴게시설 용도로 쓰는 바닥면적의 합계가 5천제곱미터인 건축물은 다중이용 건축물에 해당한다.

③ 같은 대지에서 주된 건축물과 분리된 부속용도의 건축물로서 주된 건축물을 이용 또는 관리하는 데에 필요한 건축물을 부속건축물이라 한다.

④ 초고층건축물에 해당하려면 층수가 50층 이상이고 높이가 200미터 이상이어야 한다.

⑤ 건축물의 노후화를 억제하기 위하여 일부 증축 또는 개축하는 행위는 리모델링이나, 건축물의 기능향상을 위하여 대수선하는 행위는 리모델링이 아니다.

32 건축법령상 적용대상에 관한 설명으로 옳은 것은?

① '주요구조부'란 내력벽(耐力壁), 기둥, 바닥, 작은보, 지붕틀 및 주계단(主階段)을 말한다.

② 건축물과 분리된 높이 6미터인 옹벽, 첨탑, 광고탑, 고가수조는 특별자치시장·특별자치도지사 또는 시장·군수·구청장에게 신고하여야 한다.

③ 고속도로 통행료 징수시설은 「건축법」상 건축물에 해당한다.

④ 건축물이란 토지에 정착하는 공작물 중 지붕과 기둥 또는 벽이 있는 것과 이에 딸린 시설물 중 지하나 고가의 공작물에 설치하는 사무소를 제외한 것을 말한다.

⑤ 철도역사는 「건축법」상 건축물에 해당한다.

33 건축법령상 건축에 관한 설명으로 옳은 것은?

① 기존 건축물이 있는 대지에서 건축물의 연면적을 늘리는 것은 신축에 해당한다.

② 건축이라 함은 건축물을 신축·증축·개축·재축 또는 이축하는 것을 말한다.

③ 부속건축물만 있는 대지에 새로 주된 건축물을 축조하는 것은 증축이라고 한다.

④ 건축물의 주요구조부를 해체하고 같은 대지의 다른 위치로 옮기는 것은 이전에 해당한다.

⑤ 개축은 기존 건축물의 전부 또는 일부를 해체하고 그 대지에 종전과 같은 규모의 범위에서 건축물을 다시 축조하는 것을 말한다.

34 건축법령상 대수선에 관한 설명으로 옳은 것은?

① 건축물의 외벽에 사용하는 벽면적 25m²을 수선하는 것은 대수선에 해당한다.

② 다가구주택의 가구 간 경계벽 또는 다세대주택의 세대 간 경계벽을 수선 또는 변경하는 것은 대수선에 해당한다.

③ 건축물의 주계단·피난계단·특별피난계단을 증설하는 행위는 증축이다.

④ 기둥 1개, 보 2개, 지붕틀 1개를 각각 수선 또는 변경하는 것은 대수선에 해당한다.

⑤ 지붕틀을 두 개 증설하는 것은 대수선에 해당하지 않는다.

35 건축법령상 용도변경에 관한 설명으로 옳은 것은?

① 「건축법 시행령」상 기숙사는 준주택에 해당한다.

② 장의사, 안마시술소, 어린이회관은 제2종 근린생활시설에 해당한다.

③ 방송통신시설을 장례시설로 변경하는 경우는 특별자치시장·특별자치도지사 또는 시장·군수·구청장에게 신고를 하여야 한다.

④ 허가대상인 경우로서 용도변경하려는 부분의 바닥면적의 합계가 90m²인 경우는 건축물의 사용승인을 준용한다.

⑤ 허가대상인 경우로서 용도변경하려는 부분의 바닥면적의 합계가 600m²인 용도변경의 설계에 관하여는 건축사의 설계를 준용한다.

36 건축법령상 건축허가에 관한 설명으로 옳은 것은?

① 허가권자는 허가를 받은 자가 착공신고 전에 경매 또는 공매 등으로 건축주가 대지의 소유권을 상실한 때부터 3개월이 경과한 이후 공사의 착수가 불가능하다고 판단되는 경우에는 그 허가를 취소하여야 한다.

② 사전결정신청자는 사전결정을 통지받은 날부터 3년 이내에 건축허가를 신청하여야 하며, 그 기간에 건축허가를 신청하지 아니하는 경우에는 사전결정의 효력이 상실된다.

③ 층수가 21층 이상이거나 연면적의 합계가 10만제곱미터 이상인 공장을 특별시나 광역시에 건축하려면 특별시장이나 광역시장의 허가를 받아야 한다.

④ 건축허가나 건축물의 착공을 제한하는 경우 제한기간은 3년 이내로 하며, 1회에 한하여 2년 이내 연장할 수 있다.

⑤ 건축허가 대상 건축물을 건축하려는 자가 허가권자의 사전결정통지를 받은 경우 「산지관리법」에 따른 도시지역 안의 보전산지 산지전용허가를 받은 것으로 간주한다.

37 건축법령상 건축신고를 하면 건축허가를 받은 것으로 볼 수 있는 경우에 해당한 것은?

① 기존 건축물의 높이에서 5미터를 증축하는 건축물

② 연면적 200제곱미터인 2층 건축물의 피난계단 증설

③ 관리지역 안에서 연면적 500제곱미터인 3층인 공장의 신축

④ 연면적의 합계가 150제곱미터인 단층 건축물의 신축

⑤ 연면적 300제곱미터인 5층 건축물의 방화벽 수선

38 건축법령상 설명으로 옳은 것은?

① 대지의 배수에 지장이 없거나 건축물의 용도상 방습의 필요가 없는 경우에는 인접한 도로면보다 낮아도 된다.

② 허가권자는 연면적이 1천㎡ 이상인 건축물로서 해당 지방자치단체의 조례로 정하는 건축물에 대하여는 착공신고를 하는 건축주(한국토지주택공사 또는 지방공사는 포함)에게 장기간 건축물의 공사현장이 방치되는 것에 대비하여 미리 미관 개선과 안전관리에 필요한 비용을 건축공사비의 1%의 범위에서 예치하게 할 수 있다.

③ 근린상업지역은 200제곱미터 미만에 못 미치게 분할할 수 없다.

④ 허가권자는 대형 건축물 또는 암반공사 등으로 인하여 공사기간이 긴 건축물에 대하여는 1년 이내에 임시사용승인의 기간을 연장할 수 있다.

⑤ 손궤의 우려가 있는 토지에 대지를 조성하면서 설치한 옹벽의 외벽면에는 옹벽의 지지 또는 배수를 위한 시설물이 밖으로 튀어 나오게 해서는 아니된다.

39 건축법령상 대지조경에 관한 설명으로 옳은 것은?

① 건축물의 옥상에 국토교통부장관이 고시하는 기준에 따라 조경이나 그 밖에 필요한 조치를 하는 경우에는 옥상부분 조경면적의 2분의 1에 해당하는 면적을 대지의 조경면적으로 산정할 수 있다.

② 면적 3천제곱미터인 대지에 건축하는 공장에 대하여는 조경 등의 조치를 하지 아니할 수 있다.

③ 일반상업지역, 전용공업지역, 전용주거지역은 공개공지 또는 공개공간을 설치하여야 하는 대상지역이다.

④ 지구단위계획구역인 녹지지역에 건축하는 건축물은 조경 등의 조치를 하지 아니할 수 있다.

⑤ 도시·군계획시설에서 건축하는 연면적의 합계가 1천 500제곱미터 이상인 가설건축물에 대하여는 조경 등의 조치를 하여야 한다.

40 건축법령상 공개공지에 관한 설명으로 옳은 것은?

① 공개공지 등에는 연간 90일 이내의 기간 동안 건축 조례로 정하는 바에 따라 주민을 위한 문화행사를 열거나 판촉활동을 할 수 있다.

② 공개공지 등의 면적은 대지면적의 100분의 10 이상의 범위에서 건축조례로 정한다.

③ 공개공지는 필로티의 구조로 설치할 수 없다.

④ 공개공지 등을 설치하는 경우 해당 지역에 적용되는 용적률의 1.2배 이하의 범위에서 용적률을 완화하여 적용할 수 있다.

⑤ 바닥면적의 합계가 5천 제곱미터 이상인 농수산물유통시설의 경우에는 공개공지를 설치하여야 한다.

41 건축법령상 도로에 관한 설명으로 틀린 것은?

① 허가권자는 지정한 도로를 폐지하거나 변경하려면 그 도로에 대한 이해관계인의 동의를 받고 건축위원회의 심의를 거쳐 도로를 지정할 수 있다.

② 도로란 보행과 자동차 통행이 가능한 너비 4m 이상의 도로로서 「국토의 계획 및 이용에 관한 법률」 등의 관계 법령에 따라 신설 또는 변경에 관한 고시가 된 도로에 한한다.

③ 연면적의 합계가 2천m² 이상인 건축물의 대지는 너비 6m 이상의 도로에 4m 이상 접하여야 한다.

④ 특별자치시장·특별자치도지사 또는 시장·군수·구청장이 지형적 조건으로 인하여 차량 통행을 위한 도로의 설치가 곤란하다고 인정하여 그 위치를 지정·공고하는 구간의 너비 3m 이상인 경우도 도로에 해당한다.

⑤ 건축물의 주변에 광장, 공원, 유원지, 그 밖에 관계 법령에 따라 건축이 금지되고 공중의 통행에 지장이 없는 공지로서 허가권자가 인정한 공지가 있는 경우는 2m 이상 접할 필요가 없다.

42 건축법령상 건축선에 관한 설명으로 옳은 것은?

① 지표 아래 부분을 포함한 건축물과 담장은 건축선의 수직면을 넘어서는 아니 된다.

② 도로의 반대쪽에 경사지, 하천, 철도, 선로부지, 그 밖에 이와 유사한 것이 있는 경우에는 그 경사지 등이 있는 쪽의 도로중심선에서 소요 너비에 해당하는 수평거리의 선을 건축선으로 한다.

③ 도로면으로부터 높이 4m 이하에 있는 출입구, 창문, 그 밖에 이와 유사한 구조물은 열고 닫을 때 건축선의 수직면을 넘지 아니하는 구조로 하여야 한다.

④ 특별자치시장·특별자치도지사 또는 시장·군수·구청장은 시가지 안에서 건축물의 위치나 환경을 정비하기 위하여 필요하다고 인정하면 도시지역에서 3m 이하의 범위에서 건축선을 따로 지정할 수 있다.

⑤ 소요너비에 못 미치는 너비의 도로인 경우에는 그 중심선으로부터 그 소요너비의 2분의 1의 수평거리만큼 물러난 선을 건축선으로 한다.

43 건축법령상 건축물 구조에 관한 설명으로 옳은 것은?

① 층수가 10층 이상인 건축물로서 10층 이상인 층의 바닥면적의 합계가 1만m² 이상인 건축물의 옥상에는 헬리포트를 설치하거나 헬리콥터를 통하여 인명 등을 구조할 수 있는 공간을 확보하여야 한다.

② 옥상광장 또는 2층 이상인 층에 있는 노대 등의 주위에는 높이 1.5m 이상의 난간을 설치하여야 한다.

③ 단독주택, 다중주택, 다가구주택에 해당하는 건축물은 국토교통부장관이 정하여 고시하는 범죄예방 기준에 따라 건축하여야 한다.

④ 인접 대지경계선으로부터 직선거리 2m 이내에 이웃주택의 내부가 보이는 창문 등을 설치하는 경우에는 차면시설을 설치하여야 한다.

⑤ 층고란 방의 바닥구조체 아랫면으로부터 위층 바닥구조체의 아랫면까지의 높이로 한다.

44 건축법령상 면적에 관한 설명으로 옳은 것은?

① 건축면적은 건축물의 각층 또는 그 일부로서 벽·기둥 기타 이와 유사한 구획의 중심선으로 둘러싸인 부분의 수평투영면적으로 한다.

② 연면적 산정시 지하층의 면적은 제외한다.

③ 지하층에 설치한 기계실, 전기실의 면적은 용적률을 산정할 때 연면적에 산입하지 않는다.

④ 건축물의 1층이 차량의 주차에 전용되는 필로티인 경우 그 면적은 바닥면적에 포함한다.

⑤ 승강기탑, 계단탑, 장식탑, 층고가 1.8m 이하인 다락은 바닥면적에 산입하지 않는다.

45 건축법령상 대지면적이 500m²인 대지에 건축되어 있고, 각 층의 바닥면적이 동일한 지하 1층·지상 5층(지상 1층 필로티구조)인 건축물로서 용적률이 200%라고 할 때, 이 건축물의 바닥면적은? (단, 제시된 조건 이외의 다른 조건이나 제한은 고려하지 아니함)

① 100m²
② 150m²
③ 200m²
④ 250m²
⑤ 300m²

46 건축법령상 대지 A의 건축선을 고려한 대지면적은? (다만, 도로는 보행과 자동차 통행이 가능한 통과도로로서 법률상 도로이며, 대지 A는 도시지역이 아니고 읍에 해당하는 곳이다)

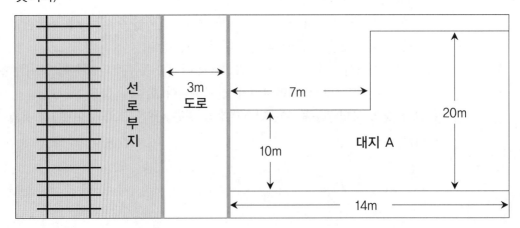

① 170m²
② 180m²
③ 200m²
④ 205m²
⑤ 210m²

47 건축법령상 높이에 관한 설명으로 옳은 것은?

① 층의 구분이 명확하지 아니한 건축물은 높이 3m마다 하나의 층으로 본다.

② 2층 이하로서 높이가 8m 이하인 건축물에는 해당 지방자치단체의 조례로 정하는 바에 따라 일조 등의 확보를 위한 건축물의 높이제한을 적용하지 아니할 수 있다.

③ 건축물이 부분에 따라 그 층수가 다른 경우에는 중 가장 많은 층수와 가장 적은 층수를 평균하여 반올림한 수를 그 건축물의 층수로 본다.

④ 허가권자는 같은 가로구역에서 건축물의 용도 및 형태에 따라 건축물의 높이를 다르게 정할 수 없다.

⑤ 일반상업지역에 건축하는 공동주택으로서 하나의 대지에 두 동(棟) 이상을 건축하는 경우에는 채광 등의 확보를 위한 높이제한이 적용된다.

48 건축법령상 다음 설명 중 틀린 것은?

① 초고층 건축물에는 피난층 또는 지상으로 통하는 직통계단과 직접 연결되는 피난안전구역(건축물 중간층에 설치하는 대피공간을 말함)을 지상층으로부터 최대 30개 층마다 1개소 이상 설치하여야 한다.

② 도시·군계획시설 및 도시·군계획시설예정지에서 가설건축물을 건축하려는 자는 특별자치시장·특별자치도지사 또는 시장·군수·구청장의 허가를 받아야 한다.

③ 「개발제한구역의 지정 및 관리에 관한 특별조치법」에 따른 개발제한구역에 대하여는 특별건축구역으로 지정할 수 없다.

④ 국토교통부장관 또는 시·도지사는 특별건축구역 지정일부터 3년 이내에 특별건축구역 지정목적에 부합하는 건축물의 착공이 이루어지지 아니하는 경우에는 특별건축구역의 전부 또는 일부에 대하여 지정을 해제할 수 있다.

⑤ 동이나 읍(섬의 경우에는 인구가 500명 미만인 경우만 해당)인 지역은 「건축법」의 규정 중 건축선 지정을 완화 적용한다.

49 **건축법령상 다음 설명 중 옳은 것은?**

① 자연환경이나 수질을 보호하기 위하여 도지사가 지정·공고한 구역에 건축하는 2층 이상 또는 연면적의 합계가 1천m² 이상인 위락시설은 도지사 사전승인이 필요하다.

② 신고하여야 하는 가설건축물의 존치기간은 2년 이내로 한다. 다만, 공사용가설건축물 및 공작물의 경우에는 해당 공사의 완료일까지의 기간을 말한다.

③ 조정 및 재정을 하기 위하여 국토교통부에 건축분쟁전문위원회를 둔다.

④ 바닥면적은 벽·기둥의 구획이 없는 건축물은 그 지붕 끝부분으로부터 수평거리 1.5m를 후퇴한 선으로 둘러싸인 수평투영면적으로 한다.

⑤ 토지 또는 건축물의 소유자, 지상권자 등은 과반수로 지역 또는 구역에서 건축물의 건축·대수선 또는 리모델링에 관한 협정을 체결할 수 있다.

50 **건축법령상 다음 설명 중 옳은 것은?**

① 건축허가를 받은 건축주는 동의하지 아니한 공유자에게 그 공유지분을 공시지가로 매도할 것을 청구할 수 있다.

② 허가권자는 시정명령을 받은 자가 이를 이행하면 새로운 이행강제금의 부과나 이미 부과된 이행강제금은 징수하여야 한다.

③ 옥상광장 또는 2층 이상인 층에 있는 노대나 그 밖에 이와 비슷한 것의 주위에는 높이 1.5m 이상의 난간을 설치하여야 한다.

④ 건축주는 사용승인을 받은 후가 아니면 건축물을 사용하거나 사용하게 할 수 없다. 다만, 허가권자가 5일 이내에 사용승인서를 교부하지 아니한 경우에는 그러하지 아니하다.

⑤ 협정체결자 또는 건축협정운영회의 대표자는 건축협정을 폐지하려는 경우에는 협정체결자 전원의 동의를 받아 건축협정인가권자의 인가를 받아야 한다.

51 **주택법령상 용어정의에 관한 설명으로 옳은 것은?**

① 단독주택은 1세대가 하나의 건축물 안에서 독립된 주거생활을 할 수 있는 구조로 된 주택을 말하며, 그 종류에는 단독주택, 다중주택, 다세대주택이 있다.

② 주택이란 세대의 구성원이 장기간 독립된 주거생활을 할 수 있는 구조로 된 부속토지를 제외한 건축물의 전부 또는 일부를 말한다.

③ 어린이놀이터, 주차장, 유치원, 조경시설, 주민운동시설은 복리시설에 해당한다.

④ 준주택이란 주택 외의 건축물과 그 부속토지로서 주거시설로 이용 가능한 시설 등으로서 오피스텔, 기숙사, 다중생활시설, 노유자시설을 말한다.

⑤ 사업주체가 단독주택의 경우에는 100호, 공동주택의 경우에는 100세대(리모델링의 경우에는 늘어나는 세대수 기준) 이상의 주택건설사업을 시행하는 경우 또는 16,500m² 이상의 대지조성사업을 시행하는 경우 국가는 우체통인 간선시설을 설치하여야 한다.

52 **주택법령상 허가받아 건축하는 세대구분형 공동주택에 관한 설명으로 틀린 것은?**

① 세대구분형 공동주택은 세대별로 구분된 각각의 공간마다 별도의 욕실, 부엌과 현관을 설치한다.

② 구분된 공간의 세대수는 기존 세대를 포함하여 2세대 이하이어야 한다.

③ 하나의 세대가 통합하여 사용할 수 있도록 세대 간에 연결문 또는 경량구조의 경계벽 등을 설치한다.

④ 세대구분형 공동주택의 세대수가 해당주택단지 안의 공동주택 전체 세대수의 3분의 1을 넘으면 안 되며, 구분소유가 가능하다.

⑤ 구조, 화재, 소방 및 피난안전 등 관계 법령에서 정하는 안전 기준을 충족하여야 한다.

53 주택법령상 도시형 생활주택에 관한 설명으로 옳은 것은?

① 소형주택, 단지형 연립주택, 단지형 다세대주택으로 도시지역에 건설하는 최대 300세대까지 도시형 생활주택이라 한다.

② 단지형 다세대주택은 건축위원회의 심의를 받은 경우에는 주택으로 쓰는 층수를 최대 4개 층까지 건축할 수 있다.

③ 소형주택은 아파트를 건축할 수 없다.

④ 소형주택은 세대별 주거전용면적이 12m² 이상 60m² 이하이어야 한다.

⑤ 소형주택과 주거전용면적이 85m² 초과하는 주택 1세대를 함께 건축할 수 있다.

54 주택법령상 등록사업자에 관한 설명으로 옳은 것은?

① 한국토지주택공사인 사업주체가 연간 20세대 이상 공동주택의 건설사업을 시행하려는 경우에는 국토교통부장관에게 등록하여야 한다.

② 연간 단독주택 20호, 공동주택 20세대(도시형 생활주택의 경우와 소형주택 그 밖의 주택 1세대를 함께 건축하는 경우에는 30세대) 이상의 주택건설사업을 시행하려는 자는 시·도지사에게 등록하여야 한다.

③ 등록이 말소된 후 2년이 지나지 아니한 자는 등록할 수 없다.

④ 고용자가 그 근로자의 주택을 건설하는 경우에는 등록사업자와 공동으로 사업을 시행할 수 있다.

⑤ 거짓이나 그 밖의 부정한 방법으로 등록한 경우에는 그 등록을 말소할 수 있다.

55 주택법령상 주택조합에 관한 설명으로 옳은 것은?

① 조합원이 무자격자로 판명되어 자격을 상실하는 경우 조합원수가 주택건설예정세대수의 2분의 1 미만이 되는 경우에는 조합원을 충원할 수 있다.

② 주택조합(리모델링주택조합은 제외)은 주택건설 예정 세대수의 50% 이상의 조합원으로 구성하되, 조합원은 30명 이상이어야 한다.

③ 조합원을 모집하려는 자는 해당 주택건설대지의 50% 이상에 해당하는 토지의 사용권원을 확보하여 관할 시장·군수·구청장에게 신고하고, 공개모집의 방법으로 조합원을 모집하여야 한다.

④ 탈퇴한 조합원(제명된 조합원을 포함한다)은 조합규약으로 정하는 바에 따라 부담한 비용의 환급을 청구할 수 없다.

⑤ 조합원으로 추가모집되거나 충원되는 자가 조합원 자격 요건을 갖추었는지를 판단할 때에는 해당 사업계획승인신청일을 기준으로 한다.

56 주택법령상 주택상환사채에 관한 설명으로 옳은 것은?

① 지방공사가 발행하는 경우에는 금융기관 등에 보증을 받지 아니하고 발행할 수 있다.

② 주택상환사채는 무기명증권으로 하되 액면 또는 할인의 방법으로 발행한다.

③ 주택상환사채를 발행하려는 자는 주택상환사채발행계획을 수립하여 행정안전부장관의 승인을 받아야 한다.

④ 주택상환사채는 취득자의 성명을 채권에 기록하지 아니하면 사채발행자 및 제3자에게 대항할 수 없다.

⑤ 등록사업자의 등록이 말소된 경우에도 등록사업자가 발행한 주택상환사채의 효력에 영향을 미친다.

57 주택법령상 사업계획승인에 관한 설명으로 옳은 것은?

① 한국토지주택공사가 주택건설사업을 시행하는 경우에는 시·군·구청장에게 사용검사를 받아야 한다.

② 주거전용 단독주택인 건축법령상의 한옥 30호 이상의 건설사업을 시행하려는 자는 사업계획승인을 받아야 한다.

③ 사업계획승인권자는 감리자가 업무수행 중 위반 사항이 있음을 알고도 묵인한 경우 그 감리자에 대하여 1년의 범위에서 감리업무의 지정을 제한할 수 있다.

④ 사업계획승인권자는 사업주체가 승인받은 날부터 5년 이내 공사를 시작하지 아니한 경우 그 사업계획의 승인을 취소하여야 한다.

⑤ 임시사용승인의 대상이 공동주택인 경우에는 동별로 임시사용승인을 할 수 있다.

58 주택법령상 공급에 관한 설명으로 옳은 것은?

① 분양가상한제 적용지역은 시·도지사가 지정할 수 있다.

② 입주자저축증서의 매매 알선행위는 주택공급질서 교란금지행위에 해당하지 않는다.

③ 도시형 생활주택도 분양가격의 제한을 적용받는다.

④ 국토교통부장관 또는 사업주체는 위법하게 증서 또는 지위를 양도하거나 양수한 자에 대하여는 그 주택 공급을 신청할 수 있는 지위를 무효로 하거나, 이미 체결된 주택의 공급계약을 취소할 수 있다.

⑤ 관광진흥법에 따라 지정된 관광특구에서 건설·공급하는 층수가 50층이고 높이가 140m인 아파트는 분양가상한제를 적용하지 아니한다.

59 주택법령상 저당권 등 설정제한에 관한 설명으로 옳은 것은?

① 사업주체는 주택건설사업에 의하여 건설된 주택 및 대지에 대하여는 입주자 모집 공고 승인 신청일 이후부터 입주예정자가 그 주택 및 대지의 소유권이전등기를 신청할 수 있는 날 이후 90일까지의 기간 동안 입주예정자의 동의 없이 해당 주택 및 대지에 저당권 또는 가등기담보권 등 담보물권을 설정하는 행위를 하여서는 아니된다.

② 부기등기는 주택건설대지에 대하여는 입주자 모집공고 승인신청과 동시에, 건설된 주택에 대하여는 소유권보존등기와 동시에 하여야 한다.

③ 사업주체가 국가·지방자치단체 및 한국토지주택공사 등 공공기관인 경우에는 제한물권을 설정하거나 압류·가압류·가처분 등의 목적물이 될 수 없는 재산임을 소유권등기에 부기등기하여야 한다.

④ 저당권설정 등의 제한을 할 때 사업주체는 해당 주택 또는 대지가 입주예정자의 동의 없이는 양도하거나 제한물권을 설정하거나 압류·가압류·가처분 등의 목적물이 될 수 없는 재산임을 소유권등기에 부기등기할 필요는 없다.

⑤ 부기등기일 이후에 해당 대지 또는 주택을 양수하거나 제한물권을 설정 받은 경우 또는 압류·가압류·가처분 등의 목적물로 한 경우에는 그 효력을 취소한다.

60 주택법령상 투기과열지구 및 조정대상지역에 관한 설명으로 옳은 것은?

① 사업주체가 투기과열지구에서 건설·공급하는 주택의 입주자로 선정된 지위는 매매하거나 상속할 수 없다.

② 국토교통부장관은 반기마다 중앙도시계획위원회의 회의를 소집하여 투기과열지구로 지정된 지역별로 투기과열지구 지정의 유지 여부를 재검토하여야 한다.

③ 주택공급이 있었던 직전 2개월간 해당 지역에서 공급되는 주택의 청약경쟁률이 5대 1을 초과하였거나 국민주택규모 이하 주택의 청약경쟁률이 10대 1을 초과한 곳은 투기과열지구와 조정대상지역의 공통적 지정기준이 된다.

④ 시·도지사는 주택의 분양·매매 등 거래가 위축될 우려가 있는 지역을 시·도 주거정책심의위원회의 심의를 거쳐 조정대상지역으로 지정할 수 있다.

⑤ 조정대상지역으로 지정된 지역의 시장·군수·구청장은 조정대상지역으로 유지할 필요가 없다고 판단되더라도 국토교통부장관에게 그 지정의 해제를 요청할 수 없다.

61 주택법령상 주택의 전매행위제한을 받는 주택임에도 불구하고 전매가 허용되는 경우에 해당하는 것은? (단, 전매에 필요한 다른 요건은 충족한 것으로 함)

① 상속에 따라 취득한 주택으로 세대원 전부 또는 일부가 이전하는 경우

② 세대원이 근무 또는 생업상의 사정이나 질병치료·취학·결혼으로 인하여 세대원 전원이 수도권 안에서 이전하는 경우

③ 세대원 전원 또는 일부가 해외로 이주하거나 5년의 기간 동안 해외에 체류하려는 경우

④ 입주자로 선정된 지위 또는 주택의 전부를 배우자에게 증여하는 경우

⑤ 이혼으로 인하여 입주자로 선정된 지위 또는 주택을 배우자에게 이전하는 경우

62 주택법령상 리모델링에 관한 설명으로 옳은 것은?

① 대수선형 리모델링을 하려는 자는 국토교통부장관에게 안전진단을 요청하여야 하고, 안전진단을 요청받은 국토교통부장관은 해당 건축물의 대수선 가능 여부의 확인을 위하여 안전진단을 실시하여야 한다.

② 기존 14층 건축물에 수직증축형 리모델링이 허용되는 경우 3개 층까지 증축할 수 있다.

③ 수직증축형 리모델링의 경우 리모델링주택조합의 설립인가신청서에 당해 주택이 사용검사를 받은 후 10년 이상의 기간이 경과하였음을 증명하는 서류를 첨부하여야 한다.

④ 시장·군수·구청장은 전문기관의 안전성 검토비용의 전부 또는 일부를 리모델링을 하려는 자에게 부담하게 할 수 있다.

⑤ 입주자·사용자 또는 관리주체가 공동주택을 리모델링하려고 하는 경우에는 시·도지사의 허가를 받아야 한다.

63 **주택법령상 다음 설명 중 틀린 것은?**

① 리모델링의 허가를 신청하기 위한 동의율을 확보한 경우 리모델링 결의를 한 리모델링주택조합은 리모델링 결의에 찬성하지 아니하는 자의 주택 및 토지에 대하여는 매도청구를 할 수 있다.

② 한국토지주택공사가 총지분의 70% 출자한 부동산투자회사가 사업주체로서 입주자를 모집하려는 경우에는 시장·군수·구청장의 승인을 받을 필요가 없다.

③ 주택상환사채는 기명증권으로 하고, 채권자의 명의변경은 취득자의 성명과 주소를 사채원부에 기재하는 방법으로 한다.

④ 주택단지의 전체 세대수가 600세대인 주택건설사업을 시행하려는 자는 주택단지를 공구별로 분할하여 주택을 건설·공급할 수 있다.

⑤ 세대수를 증가하는 리모델링주택조합이 그 구성원의 주택을 건설하는 경우에는 등록사업자와 공동으로 사업을 시행할 수 없다.

64 **주택법령상 다음 설명 중 것은?**

① 주택을 마련하기 위하여 지역·직장주택조합의 설립 인가를 받으려는 자는 해당 주택건설대지의 80% 이상에 해당하는 토지의 사용권원 및 주택건설대지의 10% 이상에 해당하는 토지의 소유권을 확보하여야 한다.

② 국민주택을 공급받기 위하여 직장주택조합을 설립하려는 자는 관할 시장·군수·구청장에게 인가를 받아야 한다.

③ 주택건설대지면적 중 100분의 95 이상에 대해 사용권원을 확보한 경우에는 사용권원을 확보하지 못한 대지의 모든 소유자에게 공시지가로 매도청구할 수 있다.

④ 미성년자·피성년후견인 또는 피한정후견인의 선고가 취소된 자는 기간에 상관없이 주택건설사업의 등록을 할 수 있다.

⑤ 지방공사가 복리시설의 입주자를 모집하려는 경우 시장·군수·구청장에게 신고를 하여야 한다.

65 주택법령상 다음 설명 중 틀린 것은?

① 국민주택규모란 「수도권정비계획법」에 따른 수도권을 제외한 도시지역이 아닌 읍 또는 면 지역은 1호 또는 1세대당 주거전용면적이 $100m^2$ 이하인 주택을 말한다.

② 한국토지주택공사가 견본주택을 건설하는 경우에는 견본주택에 사용되는 마감자재 목록표와 견본주택의 각 실의 내부를 촬영한 영상물 등을 제작하여 시장·군수·구청장에게 제출하지 아니한다.

③ 철도·고속도로·자동차전용도로, 폭 20m 이상인 일반도로, 폭 8m 이상인 도시계획예정도로시설로 분리된 토지는 각각 별개의 주택단지로 본다.

④ 주택조합에서 지위가 상실된 발기인 또는 퇴직된 임원이 지위 상실이나 퇴직 전에 관여한 행위는 그 효력을 상실하지 아니한다.

⑤ 사업주체가 주택건설대지면적 중 100분의 95에 대하여 사용권원을 확보한 경우, 사용권원을 확보하지 못한 대지의 모든 소유자에게 매도청구를 할 수 있다.

66 주택법령상 다음 설명 중 옳은 것은?

① 주택상환사채의 발행에 관하여 「상법」에서 규정한 것 외에는 「주택법」 중 사채발행에 관한 규정을 적용한다.

② 주택조합은 설립인가를 받은 날부터 3년 이내에 사업계획승인(사업계획승인 대상이 아닌 리모델링인 경우에는 허가)을 신청하여야 한다.

③ 주택조합은 설립인가를 받은 날부터 5년이 되는 날까지 사업계획승인을 받지 못하는 경우 대통령령으로 정하는 바에 따라 총회의 의결을 거쳐 해산 여부를 결정하여야 한다.

④ 임대주택을 건설하는 경우 등 국토교통부령으로 정하는 경우에는 조성원가를 기준으로 할 수 있다.

⑤ 간선시설의 설치비용은 설치의무자가 부담한다. 이 경우 도로 및 상하수도시설의 설치비용은 그 비용은 국가가 보조할 수 없다.

67 주택법령상 다음 설명 중 <u>틀린</u> 것은?

① 복리시설의 소유권이 여러 명의 공유에 속할 때에는 한 명을 조합원으로 본다.

② 도시형 생활주택 중 소형주택은 주거전용면적이 30m² 이상인 경우에는 세 개의 공간으로 구성할 수 있다.

③ 체비지의 양도가격은 「감정평가 및 감정평가사에 관한 법률」에 따른 감정평가법인 등이 감정평가한 감정가격을 기준으로 한다.

④ 도로ㆍ상하수도ㆍ전기시설ㆍ가스시설ㆍ통신시설 및 지역난방시설은 기간시설에 해당한다.

⑤ 시장ㆍ군수ㆍ구청장은 마감자재 목록표와 영상물 등을 사용검사가 있는 날 부터 1년 이상 보관하여야 하며, 입주자가 열람을 요구하는 경우에는 이를 공개하여야 한다.

68 주택법령상 다음 설명 중 옳은 것은?

① 국가 또는 지방자치단체는 국ㆍ공유지를 매수하거나 임차한 자가 2년 이내에 국민주택규모의 주택 또는 조합주택을 건설하지 아니하거나 그 주택을 건설하기 위한 대지조성사업을 시행하지 아니한 경우에는 환매하거나 임대계약을 취소하여야 한다.

② 토지임대부 분양주택의 토지에 대한 임대차기간은 20년 이내로 한다. 이 경우 토지임대부 분양주택 소유자의 75퍼센트 이상이 계약갱신을 청구하는 경우 20년의 범위에서 이를 갱신할 수 있다.

③ 사업계획승인권자는 사업계획승인의 신청을 받았을 때에는 정당한 사유가 없으면 30일 이내에 사업주체에게 승인 여부를 통보하여야 한다.

④ 국토교통부장관 또는 지방자치단체의 장은 주택건설사업 등의 등록말소, 주택조합의 설립인가취소, 사업계획승인의 취소, 리모델링허가의 취소처분을 하려면 청문을 하여야 한다.

⑤ 주택조합으로 인가를 받으려는 경우 주택단지 전체를 리모델링하려면 주택단지 전체의 구분소유자와 의결권의 각 3분의 2 이상의 결의 또는 각 동의 구분소유자와 의결권의 각 과반수의 결의가 필요하다.

69 농지법령상 농지소유에 관한 설명으로 옳은 것은?

① 「초지법」에 따라 조성된 초지는 농지에 해당한다.

② 농업경영을 통한 농산물의 연간 판매액이 100만원인 자는 농업에 조사하는 개인으로서 농업인에 해당한다.

③ 대가축 2두, 중가축 10두, 소가축 100두, 가금 1천수 또는 꿀벌 10군 이상을 사육한 자는 농업에 조사하는 개인으로서 농업인에 해당한다.

④ 5년 이상 농업경영을 한 후 이농한 자는 이농 당시 소유농지 중에서 총 3만m²까지만 소유할 수 있다.

⑤ 농지전용허가를 받은 자가 농지를 취득하는 경우에는 농지취득자격증명을 발급받을 필요는 없다.

70 농지법령상 농지취득자격증명에 관한 설명으로 옳은 것은?

① 주말·체험영농을 하려는 자란 개인이 아닌 농업인의 소유로 주말 등을 이용하여 취미생활이나 여가활동으로 농작물을 경작하거나 다년생식물을 재배하는 것을 말한다.

② 주말·체험영농을 하려고 농업진흥지역 외의 농지를 소유하는 경우는 주말·체험영농계획서는 면제되지만 농지취득자격증명은 발급받아야 된다.

③ 증여를 원인으로 농지를 취득하려는 자는 농지 소재지를 관할하는 시장·구청장·읍장 또는 면장에게서 농지취득자격증명을 발급받아야 한다.

④ 농지법에서 허용된 경우 외에는 농지 소유에 관한 특례를 정할 수 있다.

⑤ 농업경영계획서를 작성하여 농지취득자격증명의 발급신청을 받은 때에는 시·구·읍·면장이 그 신청을 받은 날부터 4일 이내에 신청인에게 농지취득자격증명을 발급하여야 한다.

71 농지법령상 대리경작에 관한 설명으로 옳은 것은?

① 대리경작자의 지정예고에 대하여 이의가 있는 농지의 소유권 또는 임차권을 가진 자는 지정예고를 받은 날부터 10일 이내에 시장·군수 또는 구청장에게 이의를 신청할 수 있다.

② 유휴농지의 대리경작자는 수확량의 100분의 20을 수확 후 3개월 이내 그 농지의 소유권자나 임차권자에게 토지사용료로 지급하여야 한다.

③ 대리경작기간은 따로 정하지 아니하면 5년으로 한다.

④ 시장·군수 또는 구청장은 지력의 증진이나 토양의 개량·보전을 위하여 필요한 기간 동안 휴경하는 농지에 대하여 그 농지의 소유권자나 임차권자를 대신하여 농작물을 경작할 자를 직권으로 지정할 수 있다.

⑤ 대리경작 농지의 소유권자 또는 임차권자가 그 농지를 스스로 경작하려면 대리경작 기간이 끝나기 3개월 전까지, 그 대리경작기간이 끝난 후에는 대리경작자 지정을 중지할 것을 농림축산식품부장관에게 신청하여야 한다.

72 농지법령상 농지의 임대차에 관한 설명으로 옳은 것은? (단, 농업경영을 하려는 자에게 임대하는 경우이며, 국유농지와 공유농지가 아님을 전제로 한다)

① 임대차 기간은 2년 이상(이모작을 위하여 8개월 이내로 임대하거나 무상사용하게 하는 경우는 제외)으로 하여야 한다.

② 다년생식물 재배지 등 대통령령으로 정하는 농지의 경우에는 임대차 기간을 5년 이상으로 하여야 한다.

③ 임대 농지의 양수인은 농지법에 따른 임대인의 지위를 승계한 것으로 보지 않는다.

④ 임대차계약은 그 등기가 없는 경우에도 임차인이 농지소재지를 관할하는 시·군·구의 장의 확인을 받고, 해당 농지를 인도받은 경우에는 그 다음 날부터 제3자에 대하여 효력이 생긴다.

⑤ 임대차계약은 구두계약을 원칙으로 한다.

73 농지법령상 농업진흥지역에 관한 설명으로 옳은 것은?

① 농업진흥지역 지정은 녹지지역·관리지역·농림지역 및 자연환경보전지역을 대상으로 하지만 특별시와 광역시의 녹지지역은 제외한다.

② 농업진흥지역의 농지를 소유하고 있는 농업인 또는 농업법인은 한국토지주택공사에 그 농지의 매수를 청구할 수 있다.

③ 농업진흥구역에서도 어린이놀이터, 마을회관, 그 밖에 농업인의 공동생활에 필요한 편의 시설 및 이용 시설의 설치가 가능하다.

④ 농지조성사업 또는 농업기반정비사업이 시행되었거나 시행 중인 지역으로서 농업용으로 이용하고 있거나 이용할 토지가 집단화되어 있는 지역을 농업보호구역이라고 한다.

⑤ 농업진흥지역은 농림축산식품부장관이 지정한다.

74 농지법령상 농지전용에 관한 설명으로 틀린 것은?

① 농지전용신고를 하고 농지를 전용하는 경우에는 농지를 전·답·과수원 외의 지목으로 변경하지 못한다.

② 농업진흥지역 밖의 농지를 농지전용허가를 받지 아니하고 전용한 자는 3년 이하의 징역 또는 해당 토지가액의 100분의 50에 해당하는 금액 이하의 벌금에 처한다.

③ 농지를 전용하려는 자는 농림축산식품부장관의 허가를 받아야 한다.

④ 농지를 농축산업용시설의 부지로 전용하려는 자는 시장·군수 또는 자치구구청장에게 신고하여야 한다.

⑤ 농지전용허가를 받는 자는 농지의 보전·관리 및 조성을 위한 부담금을 농지관리기금을 운용·관리하는 자에게 내야 한다.

75 농지법령상 다음 설명 중 **틀린** 것은?

① 농지의 소유자는 농지처분명령을 받으면 한국농어촌공사에 그 농지의 매수를 청구할 수 있으며, 매수청구를 받으면 공시지가를 기준으로 해당 농지를 매수할 수 있다.

② 한국농어촌공사에 위탁하여 농지를 임대하거나 무상사용하게 하는 경우에는 소유상한을 초과할지라도 그 기간에는 그 농지를 계속 소유할 수 있다.

③ 농업진흥지역 안에서 3천m² 이상 3만m² 미만인 경우는 농림축산식품부장관은 시·도지사에게 위임이 허용한다.

④ 2개월간 국외 여행 중인 경우에는 위탁경영이 가능하다.

⑤ 임대인은 질병, 징집 등 불가피한 사유가 있는 경우에는 임대차 기간을 3년 미만으로 정할 수 있다.

76 농지법령상 다음 설명 중 **틀린** 것은?

① 한국농어촌공사는 매수청구를 받으면 감정평가법인 등이 평가한 금액을 기준으로 해당 농지를 매수할 수 있다.

② 시장·군수 또는 구청장은 유휴농지를 경작하려는 자의 신청을 받아 대리경작자를 지정할 수 있다.

③ 시·구·읍·면의 장은 제출되는 농업경영계획서를 10년간 보존하여야 한다.

④ 주말·체험영농을 하려는 사람은 총 1천 제곱미터 미만의 농지를 소유할 수 있으며, 면적 계산은 그 세대원 전부가 소유하는 총면적으로 한다.

⑤ 시장·군수·구청장은 처분명령을 받은 후 정당한 사유 없이 지정기간 까지 그 처분명령을 이행하지 아니한 자에게 해당농지의 토지가액의 100분의 20에 해당하는 이행강제금을 부과한다.

77 도시개발법령상 도시개발구역을 지정한 후에 개발계획을 수립할 수 있는 경우가 **아닌** 것은?

① 국토교통부장관이 국가균형발전을 위하여 관계 중앙행정기관의 장과 협의하여 농림지역에 도시개발구역을 지정할 때

② 보전관리지역에 도시개발구역을 지정할 때

③ 자연녹지지역에 도시개발구역을 지정할 때

④ 도시개발구역 지정면적의 100분의 40 이하인 생산녹지지역에 도시개발구역을 지정할 때

⑤ 해당 도시개발구역에 포함되는 상업지역의 면적이 전체 도시개발구역 지정 면적의 100분의 30인 지역을 도시개발구역으로 지정할 때

78 도시개발법령상 도시개발구역의 지정에 관한 설명으로 옳은 것은?

① 개발계획에는 지구단위계획이 포함되어야 한다.

② 시·도지사가 50만m² 이상의 도시개발구역을 지정하려면 국토교통부장관의 승인을 얻어야 한다.

③ 도시개발구역을 둘 이상의 사업시행지구로 분할하는 경우 분할 후 각 사업시행지구의 면적이 각각 3만m² 이상이어야 한다.

④ 지방공사의 장이 30만 제곱미터 규모로 국가계획과 밀접한 관련이 있는 도시개발구역의 지정을 제안하는 경우에는 국토교통부장관이 도시개발구역을 지정할 수 있다.

⑤ 시장(대도시 시장은 제외한다)·군수 또는 구청장은 시·도지사에게 도시개발구역의 지정을 요청할 수 있다.

79 도시개발법령상 특별시장·광역시장·특별자치도지사·시장 또는 군수의 허가대상에 해당하는 경우는?

① 도시개발구역에 남겨두기로 결정된 대지에서 물건을 쌓아놓는 행위

② 관상용 죽목의 경작지에서의 임시식재

③ 경작을 위한 토지의 형질변경

④ 재해 복구 또는 재난 수습에 필요한 응급조치

⑤ 도시개발구역의 개발에 지장을 주지 아니하고 자연경관을 훼손하지 아니하는 범위에서의 토석채취

80 도시개발법령상 도시개발구역의 개발구역지정 해제의제에 관한 설명으로 옳은 것은?

① 도시개발구역이 지정·고시된 날부터 3년이 되는 날까지 개발계획을 수립·고시하지 아니하는 경우에는 그 3년이 되는 날의 다음 날에 해제된 것으로 본다.

② 개발계획을 수립·고시한 날부터 3년이 되는 날까지 실시계획 인가를 신청하지 아니하는 경우에는 그 3년이 되는 날에 해제된 것으로 본다.

③ 330m² 이상인 경우 도시개발구역이 지정·고시된 날부터 3년이 되는 날까지 실시계획의 인가를 신청하지 아니하는 경우에는 그 3년이 되는 날의 다음 날에 해제된 것으로 본다.

④ 시행자가 도시개발사업에 관한 실시계획의 인가를 받은 후 1년 이내에 사업을 착수하지 아니한 경우에는 시행자를 변경할 수 있다.

⑤ 도시개발사업의 공사완료로 도시개발구역의 지정이 해제의제된 경우에는 도시개발구역의 용도지역은 해당 도시개발구역 지정 전의 용도지역으로 환원된 것으로 보지 아니한다.

81 도시개발법령상 시행자 변경사유에 해당하지 <u>않는</u> 것은?

① 행정처분으로 실시계획의 인가가 취소된 경우

② 시행자의 파산사유로 인해 도시개발사업의 목적을 달성하기 어렵다고 인정되는 경우

③ 행정처분으로 시행자의 지정이 취소된 경우

④ 실시계획의 인가를 받은 후 2년 이내에 사업을 착수하지 아니하는 경우

⑤ 환지방식으로 사업을 시행하는 경우에 시행자로 지정된 토지소유자가 도시개발구역의 지정 고시일로부터 1년 이내(연장이 불가피한 경우 1년의 범위에서 연장)에 도시개발사업에 관한 실시계획의 인가를 신청하지 아니하는 경우

82 도시개발법령상 도시개발조합에 관한 설명으로 옳은 것은?

① 조합의 조합원은 도시개발구역 안의 토지소유자로 하며 조합원은 보유토지의 면적에 비례하여 의결권을 갖는다.

② 조합장 자기를 위한 조합과의 계약에 관하여는 감사가 조합을 대표한다.

③ 의결권을 가진 조합원의 수가 100인 이상인 조합은 총회의 권한을 대행하게 하기 위하여 대의원회를 두어야 한다.

④ 조합설립의 인가를 신청하고자 하는 때에는 당해 도시개발구역 안의 토지면적의 3분의 2 이상에 해당하는 토지소유자 또는 그 구역 안의 토지소유자 총수의 2분의 1 이상의 동의를 얻어야 한다.

⑤ 파산선고를 받은 자로서 복권되지 아니한 자는 조합원 뿐만 아니라 조합임원도 될 수 없다.

83 도시개발법령상 도시개발조합에서 대의원회에서 총회 권한 대행이 가능한 경우는?

① 조합의 합병   ② 실시계획의 수립·변경

③ 정관변경   ④ 감사의 선임

⑤ 환지계획의 작성

84 도시개발법령상 수용 · 사용방식에 관한 설명으로 옳은 것은?

① 도시개발사업은 시행자가 도시개발구역의 토지 등을 수용 또는 사용하는 방식이나 환지방식 또는 이를 혼용하는 방식으로 시행할 수 있다.

② 민간사업시행자(조합은 포함)는 사업대상 토지면적의 3분의 1 이상에 해당하는 토지를 소유하고 토지 소유자 총수의 2분의 1 이상에 해당하는 자의 동의를 받아야 한다.

③ 시행자는 조성토지 등과 도시개발사업으로 조성되지 아니한 상태의 토지를 공급받거나 이용하려는 자로 부터 해당 대금의 전부 또는 일부를 미리 받을 수 없다.

④ 공급될 수 있는 원형지의 면적은 도시개발구역 전체 토지 면적의 3분의 2 이내로 한정한다.

⑤ 원형지를 공급받아 개발하는 지방자치단체는 원형지 공급계약일부터 10년이 지나기 전까지는 매각할 수 없다.

85 도시개발법령상 수용 또는 사용방식에 의한 도시개발사업으로 조성된 토지 등을 추첨에 의한 방법으로 공급할 수 없는 경우는?

① 330m² 이하의 단독주택용지를 공급하는 경우

② 국민주택규모 이하의 주택건설용지

③ 토지상환채권에 의하여 토지를 상환하는 경우

④ 공공택지

⑤ 공장용지

86 도시개발법령상 환지처분에 관한 설명으로 옳은 것은?

① 환지계획의 작성에 따른 환지 계획의 기준, 보류지의 책정 기준 등에 관하여 필요한 사항은 대통령령으로 정한다.

② 시행자는 토지 면적의 규모를 조정할 특별한 필요가 있으면 면적이 작은토지는 과소(過小) 토지가 되지 아니하도록 면적을 늘려 환지를 정할 수는 있지만 환지 대상에서 제외할 수 없다.

③ 토지소유자의 신청 또는 동의가 있는 때에는 임차권자 등의 동의가 없더라도 해당 토지의 전부 또는 일부에 대하여 환지를 정하지 아니할 수 있다.

④ 환지계획구역의 평균 토지부담률을 50%를 초과할 수 없다. 다만, 환지계획구역의 토지소유자 총수의 3분의 2 이상이 동의하는 경우에는 60%를 초과하여 정할 수 있다.

⑤ 체비지는 환지계획에서 정한 자가 환지처분이 공고된 날에 해당 소유권을 취득한다.

87 도시개발법령상 채권에 관한 설명으로 옳은 것은?

① 토지상환채권의 이율은 발행 당시의 금융기관의 예금금리 및 부동산 수급상황을 고려하여 지정권자가 정한다.

② 토지상환채권의 발행규모는 그 토지상환채권으로 상환할 토지·건축물이 해당 도시개발사업으로 조성되는 분양토지 또는 분양건축물의 3분의 1을 초과하지 아니하여야 한다.

③ 토지상환채권은 기명식 증권으로 발행되며 이전이 불가능하다.

④ 도시개발채권의 소멸시효는 상환일부터 기산하여 원금은 5년, 이자는 3년으로 한다.

⑤ 시·도지사는 도시개발채권을 발행하려는 경우 채권의 발행총액에 대하여 행정안전부장관에게 승인을 받아야 한다.

88 도시개발법령상 다음 설명 중 틀린 것은?

① 도시개발조합을 설립하려면 도시개발구역의 토지 소유자 7명 이상이 정관을 작성하여 지정권자에게 조합설립의 인가를 받아야 한다.

② 도시개발구역의 토지면적을 산정하는 경우, 국공유지를 제외하여 산정하여야 한다.

③ 도시개발구역의 토지에 대한 지역권은 종전의 토지에 존속한다. 다만, 도시개발사업의 시행으로 행사할 이익이 없어진 지역권은 환지처분이 공고된 날이 끝나는 때에 소멸한다.

④ 토지상환채권을 질권의 목적으로 하는 경우에는 질권자의 성명과 주소가 토지상환채권원부에 기재되지 아니하면 질권자는 발행자 및 그 밖의 제3자에게 대항하지 못한다.

⑤ 공공사업시행자가 도시개발사업의 시행방식을 수용 또는 사용방식에서 전부 환지방식으로 변경할 수 있다.

89 도시 및 주거환경정비법령상 용어정의에 관한 설명으로 옳은 것은?

① 주민이 공동으로 사용하는 놀이터, 마을회관, 공동작업장, 구판장, 세탁장, 탁아소, 유치원, 어린이집 등은 공동이용시설이다.

② 해당 건축물을 준공일 기준으로 30년까지 사용하기 위하여 보수·보강하는데 드는 비용이 철거 후 새로운 건축물을 건설하는 데 드는 비용보다 클 것으로 예상되는 건축물은 노후·불량건축물에 해당된다.

③ 주거환경개선사업은 정비기반시설은 양호하나 노후·불량건축물에 해당하는 공동주택이 밀집한 지역에서 주거환경을 개선하기 위한 사업이다.

④ 토지주택공사 등이란 「한국토지주택공사법」에 따라 설립된 한국토지주택공사 또는 「지방공기업법」에 따라 주택사업을 수행하기 위하여 설립된 지방공사를 말한다.

⑤ 재건축사업에 있어서 토지등소유자는 정비구역의 토지 또는 건축물의 소유자 또는 그 지상권자이다.

90 도시 및 주거환경정비법령상 정비기본계획 및 정비계획에 관한 설명으로 틀린 것은?

① 재건축사업의 안전진단은 주택단지의 건축물을 대상으로 한다.

② 정비계획의 입안권자는 입안하거나 변경하려면 주민에게 서면으로 통보한 후 주민설명회 및 30일 이상 주민에게 공람하여 의견을 들어야 한다.

③ 정비구역의 지정권자는 정비구역의 진입로 설치를 위하여 진입로 지역과 그 인접지역을 포함하여 정비구역을 지정할 수 있다.

④ 정비구역의 지정권자는 정비구역 지정을 위하여 직접 정비계획을 입안할 수 있다.

⑤ 특별시장·광역시장·특별자치시장·특별자치도지사·시장은 관할구역에 대하여 도시·주거환경정비기본계획을 10년 단위로 수립하고, 3년마다 그 타당성을 검토하여야 한다.

91 도시 및 주거환경정비법령상 정비구역의 지정권자가 정비구역 등을 해제하여야 하는 경우로 볼 수 없는 것은?

① 재개발사업에서 토지등소유자가 정비구역으로 지정·고시된 날부터 2년이 되는 날까지 조합설립추진위원회의 승인을 신청하지 아니하는 경우

② 정비예정구역에 대하여 기본계획에서 정한 정비구역 지정 예정일부터 3년이 되는 날까지 특별자치시장, 특별자치도지사, 시장 또는 군수가 정비구역을 지정하지 아니한 경우

③ 재개발사업에서 추진위원회가 추진위원회 승인일부터 2년이 되는 날까지 조합설립인가를 신청하지 아니하는 경우

④ 재건축사업에서 조합이 조합설립인가를 받은 날부터 3년이 되는 날까지 사업시행계획인가를 신청하지 아니하는 경우

⑤ 토지등소유자가 시행하는 재개발사업으로서 토지등소유자가 정비구역으로 지정·고시된 날부터 3년이 되는 날까지 사업시행계획인가를 신청하지 아니하는 경우

92 도시 및 주거환경정비법령상 시행방법에 관한 설명으로 옳은 것은?

① 주거환경개선사업은 사업시행자가 관리처분계획에 따라 주택 및 부대·복리시설을 건설하여 공급하는 방법으로 할 수 없다.

② 재건축사업에 따라 오피스텔을 건설하여 공급하는 경우에는 국토의 계획 및 이용에 관한 법률에 따른 준주거지역 및 상업지역에서만 건설할 수 있다. 이 경우 오피스텔의 연면적은 전체 건축물 연면적의 100분의 40 이하이어야 한다.

③ 주거환경개선사업의 시행자는 수용방법에 따라 시행하려는 경우 정비계획에 따른 공람공고일 현재 해당 정비예정구역의 토지 또는 건축물의 소유자 또는 지상권자의 3분의 2 이상의 동의와 세입자 세대수의 과반수의 동의를 각각 받아야 한다.

④ 주거환경개선사업은 조합이 시행하거나 조합이 조합원의 과반수의 동의를 받아 시장·군수 등, 토지주택공사 등, 건설사업자 또는 등록사업자와 공동으로 시행할 수 있다.

⑤ 재개발사업은 정비구역에서 인가받은 관리처분계획에 따라 주택, 부대·복리시설 및 오피스텔을 건설하여 공급하는 방법에 따른다.

93 도시 및 주거환경정비법령상 군수가 직접 재개발사업 및 재건축사업 모두를 시행할 수 있는 사유에 해당하지 <u>않는</u> 것은?

① 정비계획에서 정한 정비사업시행 예정일부터 2년 이내에 사업시행계획인가를 신청하지 아니하거나 신청한 내용이 위법 또는 부당하다고 인정하는 때

② 지방자치단체의 장이 시행하는「국토계획 및 이용에 관한 법률」에 따른 도시·군계획사업과 병행하여 정비사업을 시행할 필요가 있다고 인정하는 때

③ 순환정비방식으로 정비사업을 시행할 필요가 있다고 인정하는 때

④ 사업시행계획인가가 취소된 때

⑤ 정비구역의 토지면적 2분의 1 이상의 토지소유자와 토지등소유자의 3분의 2 이상에 해당하는 자가 시장·군수 등 또는 토지주택공사 등을 사업시행자로 지정할 것을 요청하는 때

94 도시 및 주거환경정비법령상 정비조합에 관한 설명으로 옳은 것은?

① 추진위원회는 토지등소유자 2분의 1 이상의 동의를 얻어 위원장을 포함한 5인 이상의 위원으로 구성한다.

② 재개발조합을 설립인가를 받으려면 토지등소유자의 3분의 2 이상 및 토지면적의 2분의 1 이상의 토지소유자의 동의를 받아야 한다.

③ 추진위원회는 추진위원회를 대표하는 추진위원장 1명과 이사 1인 및 감사를 두어야 한다.

④ 조합장이 아닌 조합임원은 대의원이 될 수 있다.

⑤ 재개발사업의 경우 토지등소유자는 동의 여부에 관계없이 조합원이 된다.

95 도시 및 주거환경정비법령상 사업시행계획에 관한 설명으로 옳은 것은?

① 사업시행자(토지주택공사 포함)는 사업시행계획인가를 신청하기 전에 미리 총회의 의결을 거쳐야 한다.

② 시장·군수 등은 사업시행계획인가를 하려는 경우 정비구역부터 100m 이내에 교육시설이 설치되어 있는 때에는 해당 지방자치단체의 교육감 또는 교육장과 협의하여야 한다.

③ 재개발사업의 사업시행자는 사업시행으로 이주하는 상가세입자가 사용할 수 있도록 정비구역 또는 정비구역 인근에 임시상가를 설치할 수 없다.

④ 주거환경개선사업에 따른 건축허가를 받는 때에는 주택도시기금법상의 국민주택채권 매입에 관한 규정이 적용되지 않는다.

⑤ 시장·군수 등은 특별한 사유가 없으면 사업시행계획서의 제출이 있은 날부터 30일 이내에 인가 여부를 결정하여 사업시행자에게 통보하여야 한다.

96 도시 및 주거환경정비법령상 관리처분계획에 관한 설명으로 옳은 것은?

① 사업시행자는 폐공가의 밀집으로 범죄발생의 우려가 있는 경우 시장·군수 등의 허가 없이 해당 건축물을 미리 철거할 수 있다.

② 분양신청기간은 통지한 날부터 30일 이상 90일 이내로 하여야 한다. 다만, 사업시행자는 관리처분계획의 수립에 지장이 없다고 판단하는 경우에는 분양신청기간을 20일의 범위에서 한 차례만 연장할 수 있다.

③ 국토교통부장관, 시·도지사, 시장, 군수, 구청장 또는 토지주택공사 등은 조합이 요청하는 경우 재건축사업의 시행으로 건설된 임대주택을 인수하여야 한다.

④ 투기과열지구 또는 조정대상지역이 아닌 수도권정비계획법의 과밀억제권역에 위치하는 재건축사업의 경우에는 1세대가 수개의 주택을 소유한 경우에는 3주택까지 공급할 수 있다.

⑤ 관리처분계획의 인가·고시가 있은 때에는 종전의 토지의 임차권자는 사업시행자의 동의를 받더라도 소유권의 이전고시가 있는 날까지 종전의 토지를 사용할 수 없다.

97 도시 및 주거환경정비법령상 관리처분계획의 경미한 변경사유에 해당하지 <u>않는</u> 것은?

① 주택분양에 관한 권리를 포기하는 토지등소유자에 대한 임대주택의 공급에 따라 관리처분계획을 변경하는 경우

② 정관 및 사업시행계획인가의 변경에 따라 관리처분계획을 변경하는 경우

③ 매도청구에 대한 판결에 따라 관리처분계획을 변경하는 경우

④ 불이익을 받는 자가 적은 계산착오·오기·누락 등에 따른 조서의 단순정정인 경우

⑤ 권리·의무의 변동이 있는 경우로서 분양설계의 변경을 수반하지 아니하는 경우

98 도시 및 주거환경정비법령상 공사완료에 따른 조치 등에 관한 설명으로 옳은 것은?

① 건축물을 분양받을 자는 소유권 이전의 고시한 날에 건축물에 대한 소유권을 취득한다.

② 시장·군수 등이 아닌 사업시행자가 정비사업 공사를 완료한 때에는 대통령령으로 정하는 방법 및 절차에 따라 시장·군수 등의 준공인가를 받아야 한다.

③ 정비구역의 해제는 조합의 존속에 영향을 준다.

④ 청산금을 지급받을 권리는 소유권 이전고시일부터 5년간 이를 행사하지 아니하면 소멸한다.

⑤ 사업시행자는 이전·고시가 있은 때에는 14일 이내 대지 및 건축물에 관한 등기를 지방법원지원 또는 등기소에 촉탁 또는 신청하여야 한다.

99 도시 및 주거환경정비법령상에 관한 설명으로 틀린 것은?

① 정비계획의 입안권자가 천재지변 등으로 주택이 붕괴되어 신속히 재건축을 추진할 필요가 있다고 인정하는 경우는 안전진단 대상에서 제외할 수 있다.

② 사업시행자는 정비사업의 공사를 완료한 때에는 완료한 날부터 30일 이내에 임시거주시설을 철거하고, 사용한 건축물이나 토지를 원상회복하여야 한다.

③ 정비조합에 두는 이사의 수는 3명 이상으로 하고, 감사의 수는 1명 이상 3명 이하로 한다. 다만, 토지등소유자의 수가 100인을 초과하는 경우에는 이사의 수를 5명 이상으로 한다.

④ 주거환경개선사업의 경우 사업시행자는 정비계획에 따라 국민주택규모의 건설계획사항을 포함하는 사업시행계획서를 작성하여야 한다.

⑤ 대지면적을 10%의 범위에서 변경하는 때에는 인가가 아닌 시장·군수 등에게 신고하여야 한다.

100 도시 및 주거환경정비법령상 다음 설명 중 틀린 것은?

① 사업시행자는 손실보상의 협의가 성립되지 아니하면 그 기간의 만료일 다음 날부터 60일 이내에 수용재결을 신청하거나 매도청구소송을 제기하여야 한다.

② 시장·군수 등은 재개발사업의 사업시행계획인가를 하는 경우 해당 정비사업의 사업시행자가 지정개발자(토지등소유자인 경우로 한정)인 때에는 정비사업비의 100분의 20의 범위에서 시·도조례로 정하는 금액을 예치하게 할 수 있다.

③ 관상용 죽목의 임시식재는 개발행위 허가대상이 아니다.

④ 사업시행자는 정비구역의 안과 밖에 새로 건설한 주택 또는 이미 건설되어 있는 주택의 경우 그 정비사업의 시행으로 철거되는 주택의 소유자 또는 세입자(실제 거주자 한정)를 임시로 거주하게 하는 등 그 정비구역을 순차적으로 정비하여 주택의 소유자 또는 세입자의 이주대책을 수립하여야 한다.

⑤ 창립총회시에는 총회 조합원의 100분의 10 이상이 직접 출석하여야 한다.

공법100제 정답(국토계획법, 건축법)

쫄지마공법마스터 이경철

1	2	3	4	5	6	7	8	9	10
③	③	①	③	⑤	①	⑤	③	⑤	⑤
11	12	13	14	15	16	17	18	19	20
④	③	⑤	②	①	④	④	④	②	④
21	22	23	24	25	26	27	28	29	30
③	⑤	⑤	⑤	③	④	①	⑤	③	③
31	32	33	34	35	36	37	38	39	40
③	⑤	⑤	②	⑤	⑤	⑤	①	②	④
41	42	43	44	45	46	47	48	49	50
②	⑤	④	③	④	③	②	④	③	③

공법100제 정답(주택법, 도개법, 정비법, 농지법)

쫄지마공법마스터 이경철

51	52	53	54	55	56	57	58	59	60
⑤	④	⑤	③	③	④	③	⑤	②	③
61	62	63	64	65	66	67	68	69	70
⑤	④	⑤	④	②	④	⑤	④	③	③
71	72	73	74	75	76	77	78	79	80
①	②	③	①	④	⑤	④	⑤	②	⑤
81	82	83	84	85	86	87	88	89	90
⑤	②	②	①	③	④	⑤	②	④	⑤
91	92	93	94	95	96	97	98	99	100
⑤	③	①	⑤	④	④	④	②	④	⑤

2023 박문각 공인중개사

이경철 최종요약서 2차 부동산공법

초판인쇄 | 2023. 7. 25. **초판발행** | 2023. 7. 30. **편저** | 이경철 편저
발행인 | 박 용 **발행처** | (주)박문각출판 **등록** | 2015년 4월 29일 제2015-000104호
주소 | 06654 서울시 서초구 효령로 283 서경빌딩 4층 **팩스** | (02)584-2927
전화 | 교재 주문 (02)6466-7202, 동영상문의 (02)6466-7201

저자와의
협의하에
인지생략

정가 10,000원
ISBN 979-11-6987-465-6